走向公民素养的教育

王丹◎主编

王锋 胡文谦 张莉◎副主编

西南大学出版社
国家一级出版社 全国百佳图书出版单位

图书在版编目(CIP)数据

走向公民素养的教育 / 王丹主编 ; 王锋, 胡文谦, 张莉副主编. -- 重庆 : 西南大学出版社, 2025. 6.
ISBN 978-7-5697-2768-5

Ⅰ. D648.3

中国国家版本馆CIP数据核字第2025WE2337号

走向公民素养的教育

ZOU XIANG GONGMIN SUYANG DE JIAOYU

主　编　王　丹

副主编　王　锋　胡文谦　张　莉

责任编辑 | 李　君
责任校对 | 张丽娜
封面设计 | 尚品视觉 CASTALY 周　娟　贺　莹
排　　版 | 王　兴
出版发行 | 西南大学出版社(原西南师范大学出版社)
　　　　地址 | 重庆市北碚区天生路2号
　　　　邮编 | 400715
印　　刷 | 重庆市国丰印务有限责任公司
成品尺寸 | 170 mm×240 mm
印　　张 | 13.25
字　　数 | 225千字
版　　次 | 2025年6月　第1版
印　　次 | 2025年6月　第1次印刷
书　　号 | ISBN 978-7-5697-2768-5
定　　价 | 68.00元

序言

公民素养教育历史悠久,《汉书·李寻传》中有“士不素养,不可以重国”之说,《理想国》里也有诸如“政治制度是从城邦公民的习惯里产生出来的,习惯的倾向决定其他一切的方向”等表述,不论是“素养”还是“公民习惯”,都表达了对公民素养教育的重视。我们通常认为,现代意义上的公民素养涵盖了公民的道德、文化底蕴、价值取向、行为举止、法律法规、社会公德及自我约束等要素,是国家和社会发展的重要基础。作为提高我国公民素养教育的重镇——基础教育学校,要通过哪些途径、采取什么方法,才能使公民素养教育落地生根,是基础教育学校面临的时代课题。

重庆市渝中区中华路小学,秉承蔡元培先生提出的“军国民教育、实利主义教育、公民道德教育、世界观教育和美感教育”的“五育并举”思想立校,砥砺前行,为培育合格的中华公民而不懈努力。步入新时代,该校注重学生发展的长期性和终身性,以“培育都市公民素养,打造国际品牌学校”为主题,展开了一系列探索和研究,在校园文化、教育理念、课程体系及教学风格等方面逐步形成了独具特色的公民素养教育模式,提升了学生的核心素养,丰富了基础教育的内涵。

该校围绕公民素养教育，探寻基础教育阶段公民素养教育的教育意蕴，结合学校发展特色，积淀形成“知行合一、养成公民”的教育理念，彰显“育中华的世界人，做世界的中华星”教育愿景。该校注重学生长期发展规划和近期成长需求，确立了“关心天下事，做好身边事”的校训，致力于全面培养学生的公民素养。该校围绕着现代公民应具备的核心素养形成课程体系，明确公民素养教育课程目标是把“学生培养成为具有中华根基和国际视野的现代合格公民”，具体包括培养学生的人文素养、科学素养、健康素养、艺术素养。为全面提升公民素养教育，该校设计了“四群三类”课程体系，“四群”，即指向人文素养的语文与品德课程群、指向科学素养的数学与科学课程群、指向健康素养的体育与健康课程群、指向艺术素养的艺术与生活课程群；“三类”，即核心课程、拓展课程和活动课程。该校通过总体设计、分步推进“四群三类”课程，探索并创生了固定性教学灵活化、走班制教学常态化、拓展式教学过程化的教学形式，采取多元评价方式，构建了“目标澄清—内容审查—动态监控—效果评估”课程四步评价过程。

该校实施的“走向公民素养的教育”，有力地呼应了基于核心素养培育的新课程改革，将“公民素养教育”作为探索和实践核心素养培育的立足点，既避免了照搬西方公民教育模式的弊端，同时也弥补了我国基础教育在全面培育核心素养方面的不足。从整体上看，该校以“培养学生成为具有中华根基和国际视野的现代合格公民”为逻辑主线，将学科课程、综合课程、活动课程和隐性课程结合起来，确定了公民素养教育培养的核心素质，使公民素养教育的目标体系清晰明了。从具体层面看，该校形构了“四群三类”课程体系，将国家课程、规划课程和校本课程进行统整，形塑了公民素养教育的教学模式，并通过多元评价，极大地提升了小学生的公民素养。

目录

第一章 走向公民素养教育

改革开放以来,公民素养教育逐步成为我国社会发展的基石。党的十七大报告中强调要“加强公民意识教育”。党的二十大报告更是进一步强调“坚持为党育人、为国育才”。培养和塑造担当民族复兴大任的社会主义公民,是当前紧迫而重要的任务。基础教育承担着这一神圣而艰巨的使命,怎样培养中国特色社会主义的合格公民,是教育领域亟待破解的一个新难题。

第一节
公民概念溯源

一、公民概念的起源

1.古代公民概念溯源

公民概念在我国由来已久，有国人、臣民、国民、人民等之说。西周时期，社会阶层被划分为庶人、国人、平民等。在《春秋穀梁传·成公元年》中，有“古者有四民：有士民、有商民、有农民、有工民”，即“四民”之说。《管子·小匡》记载有“士农工商四民者，国之石民也”，强调四民在国家中的重要作用。《周礼》有“作而行之，谓之士大夫；审曲面势，以饬五材，以辨民器，谓之百工；通四方之珍异以资之，谓之商旅；饬力以长地财，谓之农夫”之说，进一步对四民的社会功能进行说明。《汉书·食货志》载有“士农工商，四民有业。学以居位曰士，辟土殖谷曰农，作巧成器曰工，通财鬻货曰商”，初步规定四民的本质属性。在这些著作中，“士农工商”不仅是行使四类社会职能的专职群体，同时也是官府控制和管理的特定对象。这些带有“民”的称谓，均在不同程度上反映着社会成员应履行的社会职责，这也蕴含着一定的“享有一定权利和履行社会义务”的现代意义上的公民内涵。

在西方，公民概念最早出现于古希腊的雅典和古罗马的城邦时期。这个时期的公民是指享有一定特权的自由民阶层，他们可以按照民主的方式参与部分社会事务的决策。公民(citizen)一词，源自拉丁语的“civis”或“civitas”，其中“civis”指古代城邦，特别是罗马共和国的一个成员，而“civitas”是希腊语“polites”一词的拉丁语翻译，意指某个希腊城邦的成员。在当时，人们将在各城邦中拥有政治参与权和决策权的那部分平民称之为公民。在古希腊、古罗马城邦时期，人们最为关注的就是政治，其核心就在于城邦和民主。当时的城邦居民把成为公民看作最高的追求，认为公民是超越家庭的政治存在，这是一种萌芽状态的古代公民概念。柏拉图从公民应具备的道德品质、技能、人格力量等方面阐述了公民的概念，提出公民应具备节制、勇敢、大度、高尚等美德。他认为：“全体公民无例外地，每个人天赋适合做什么，就应派给他什么任务，以便大家各就各业，一个人就是一个人而不是多个人，于是整个城邦成为统一的一个而不是分裂的多个。”①亚里士多德论述了城邦国家的公民应享有的权利和履行的义务，他认为：“公民的通常含义是参与统治和被统治的人。不同的政体有不同的公民，但在最优良的政体中，公民指的是为了依照德性的生活，有能力并愿意进行统治和被人统治的人。”②由此，古代西方对公民的权利和应尽的义务提出了独特见解。古罗马时期的公民是一个特权阶层的象征，最初指享有公民权的人，具有选举或被选举为国家官吏的资格，并能由此行使国家权力。而外来移民则不享有选举和被选举的公民权，仅享有市民权。

2.近代公民概念

资产阶级凭借民主、自由、平等的口号从封建地主阶级手中夺取胜利后，权利、义务、自由、平等这些带有资产阶级时代烙印的理念普及到大众。此时规定只要具备本国法定资格的每个人都可以是享有社会权利和义务的公民。这一规定打破了以往以财产、地位、阶层、性别为特征的公民定义，更加强调民主、平等的社会关系。近代形态的国家建成之后，公民概念强调政治性，把公民作为政治共同体的一员，享有法律赋予的政治权利。

1776年，美国《独立宣言》庄严宣告“人人生而平等”，并指出，为保障每个人的权利所以才在人们中间建立政府。1789年，法国《人权和公民权宣言》(又称《人权宣言》)宣布自由、财产、安全及反抗压迫是不可侵犯的权利，明确指出

---

① 柏拉图.理想国[M].刘申丽，译.北京：台海出版社，2016:102.

② 亚里士多德.政治学[M].颜一，秦典华，译.北京：中国人民大学出版社，2003:99-100.

“法律面前人人平等”等原则。随后，西方资产阶级民主共和国相继建立，公民成为政府权力的来源，也是成立政府的程序执行者，公民教育也因此逐步被提上日程。相较于古希腊城邦国家中的公民，近代公民的平等权范围得到了极大的扩大。古希腊公民虽也有平等权，但仅限于少数人，本质上仍属于等级特权的平等制度。1908年，清政府颁布《钦定宪法大纲》，规定臣民在法律范围内有言论、著作、出版、集会及结社等自由，臣民的财产及居住无故不得侵犯，等等。1911年，“臣民”一词被“国民”取代，“国民”的概念与近代西方的“公民”概念很接近，都普遍享有政治自由与财产权利。

3.现代意义公民概念

现代意义的公民是享有某种权利和义务的社会成员，是个人在一个民族国家中具有一定普遍权利和义务的成员身份。[①]这个定义揭示了公民概念关涉到国家、权利和义务、成员等基本要素，并以国家法律法规的形式加以保障。现代意义的公民概念，首先，以法律的形式规定了具有某一国家的国籍；其次，明确在该国享受的权利和法定履行的义务；最后，缩小了因性别、财产、阶层差异而带来的特权范围。与古希腊、古罗马的公民概念相比，现代意义范畴的公民含义明显扩大，权利也由古希腊、古罗马自由民的“特权”延伸到“普遍性权利”，超越了近代公民的内涵，强调权利和义务的对等性。

现代意义的公民概念作为政治学的中心话语，同时也是宪法学的基础概念。公民是各种法律规定的权利和义务的主要承担者，每个个体都具有独立、平等、自由的权利，个体之间发生的各种社会行为都以国家规定和社会习俗作为公民之间关系的准则，公民在国家中的地位一般是通过法律或宪法规定的权利和义务来确定，但这并不是要求所有的公民权利和义务完全相同。为使公民更好地履行社会职责和义务，国家法律一般允许一些承担特殊社会职能的公民拥有特殊的权利，这些公民因承担更多的国家和社会义务而享有更多的特殊权利。但同时，国家在制度方面也不能牺牲社会公平、正义，这表明公民权利与义务之间需要达成一定程度的平衡。

---

① 托马斯·雅诺斯基.公民与文明社会[M].柯雄，译.沈阳：辽宁教育出版社，2000：11.

新中国成立前夕，《中国人民政治协商会议共同纲领》在第一章总纲中规定了公民享有选举权和被选举权，以及有思想、言论、出版、集会、结社、通讯、人身、居住、迁徙、宗教信仰及示威游行等基本权利。1954年，我国调整了《中国人民政治协商会议共同纲领》，专章规定公民的基本权利与义务。《中华人民共和国宪法》规定了公民的基本权利和义务，对每个公民都有特别重要意义，确定了每个公民在社会生活、国家社会中的地位。

二、西方关于公民身份的理论

关于公民身份的论述，在西方存在两大理论：共和主义公民观和自由主义公民观。共和主义公民观源自古希腊罗马时期，在古典公民共和主义时期，两个代表人物亚里士多德和西塞罗分别阐述了公民身份。亚里士多德将公民定义为集统治与受统治于一身的人，只要他们积极参与城邦公共生活，就可以轮流成为统治者和被统治者。而西塞罗则认为罗马共和制这种共和政体能有效地防止腐败，确保政府的自由、持久和稳定。他强调公民在法律架构中共同参与公共事务的审议，指出其实质就是公民美德。西塞罗在《论责任》一书中提出："一名真正可敬而勇敢的公民，以及有资格担任政府管理者的人们，将会避免和厌恶（纷争、骚乱和内战），并将完全献身于公共服务，但却不是出于个人财富和权力的目的。他将对整个共同体萦萦于怀，不会忽视其中任何的部分……它宁愿将生命置之度外，也不愿意做任何违反美德的事情。"[①]由此可见，在古罗马时期，公民的概念由政治人逐渐转变为法律人。

文艺复兴时期，意大利的马基雅维利在其著作《论李维著罗马史前十书》中，摒弃了自亚里士多德以来的伦理目的论，将关注的重点移至共和政体的构建上来。马基雅维利被认为是"第一个在世俗化的条件下，以此世导向重新进行政治理论建构的思想家"[②]。但是在中世纪的欧洲，人权让位于神权，在神权面前，人是卑微的，没有任何权利可言，人对上帝只能尊奉，不能怀疑。经过这个黑暗的时代，欧洲迎来了启蒙运动。启蒙运动的核心在于关注人作为个体的权利，强调

① 转引自德里克·希特.何谓公民身份[M].郭忠华，译.长春：吉林出版集团有限责任公司，2007:47.

② 转引自高建.西方政治思想史·第三卷·16—18世纪[M].天津：天津人民出版社，2005:41.

每个人生来就享有自由、平等和维护自我尊严的权利,这种权利不容任何人以任何名义剥夺。1789年,法国制宪会议通过的《人权和公民权利宣言》,不仅是法国历史上的第一部人权宣言,也是人类历史上第一部正式的人权宣言,具有极其重要的历史意义。这部人权宣言宣称:“在权利方面,人们生来是而且始终是自由平等的”,自由、财产、安全和反抗压迫是“人的自然的和不可动摇的权利”,任何政治结合的目的都在于保护这些权利,从而使基本人权原则成为宣言的核心内容。就是在这一背景下,自由主义的公民观逐渐发展起来。

T.H.马歇尔在《公民身份与社会阶级》一书中,从公民、政治、社会三大要素出发解释了公民身份。他认为,“公民的要素”由个人自由所必需的权利所组成,包括人身自由、言论自由、思想和信仰自由、财产权、订立有效契约的权利以及司法权力等;“政治的要素”是指公民作为政治权利实体的成员或这个实体的选举者,参与行使政治权力的权利;“社会的要素”是指从某种程度的经济福利与安全到充分享有社会遗产并依据社会通行标准享受文明生活的权利等。马歇尔进一步将公民身份在西方社会中的演进概括为这样三大发展阶段:18世纪以公民权利(即基本人权)为主;19世纪以政治权利(即政治参与权利)为主;20世纪以社会权利(即经济福利与安全等)为主。他的立场和主张强调个体权利的至上性和优先性。这一阐释虽然广受赞誉,但也有学者认为其过度强调了个体所拥有的权利,而忽略了个体公民所应承担的道德义务,是一种自由主义公民观。但是,对马歇尔关于公民身份发展具有历史阶段性的基本结论,没有人持怀疑态度,其理论有力地证明了公民身份概念的历史特殊性。

三、西方对公民身份理论的再认识

在对自由主义公民观进行批判的同时,人们逐渐认识到,一方面,“公民绝对不是从属于他人的没有独立人格的‘私民’! 换言之,离开独立、自由、平等等与‘臣民’人格对立的价值属性,无法描述公民人格”[①]。另一方面,公民“个

① 檀传宝.论“公民”概念的特殊性与普适性:兼论公民教育概念的基本内涵[J].教育研究,2010(5):17.

人自由对于公民身份十分重要，但仅仅强调个人自由，就会失去个人自由的条件，进而失去自由本身；对公共生活疏离的结果只能是社会灾难的被动接受，而这种现象显然不是主张自由、平等、独立人格的公民所应有的品格。'公民'绝对不是公共生活中完全被动、消极的人"①。20世纪40年代以后，公民身份的研究出现许多重要变化，这与世界大战结束后西方深层次的结构危机等因素密切相关。其中，共和主义公民观复兴，矛头直指自由主义公民观。当代社会也因为普通民众对民主体制的失望、政治参与的无力感，形成新形式的政治冷漠，本杰明·巴伯将之称为"稀薄的民主"(thin democracy)。受全球化的影响，后现代观念扩张，公民身份被赋予民族的、性别的、宗教的、世界的、种族的等更广泛的含义。在此基础上，人们进一步提出了社群主义公民观和多元文化主义公民观。

四、中国社会变迁中公民概念的演变

在近代，随着民族危机的日益加深和西方政治学说的广泛传播，"公民"概念逐渐在中国生根发芽。我国知识界率先引入了"国民"的概念，同时还涌现出"民权""新民""国人"等概念。这些富有本土化特征的概念，其内涵已经接近公民概念，特别是"国民"一词，在讨论国民性、国民意识、国民教育、国民文化等问题时，其所包含的主题已与现代公民问题研究的主题相差无几。实际上，与近代很多新生词汇一样，"国民"一词也是"舶来品"，它是中国知识分子从日本借鉴而来的。日本吸收西方政治观念时，将"citizen"翻译为"国民"，后以梁启超为代表的戊戌知识分子将"国民"概念引入中国。严复提出的"鼓民力、开民智、新民德"的"三民学说"，以及梁启超所倡导的"新民"学说，都包含着权利、自由、自尊、自治、进步、合群等公民要素。在新文化运动中，以《新青年》杂志为阵地，出现了"新公民观"的论述，即"不同于梁启超重国家轻个人和义务本位的民族主义公民观"②，推崇自主、独立的公民人格。这不仅仅是词语

① 檀传宝.论"公民"概念的特殊性与普适性：兼论公民教育概念的基本内涵[J].教育研究，2010(5):20.

② 许纪霖.公共性与公共知识分子[M].南京：江苏人民出版社，2003:221.

的出现，更重要的还在于其蕴含的基本精神和主张问题。20世纪初，这种现代公民观念及公民概念开始在中国出现和传播。

1914年，翁长钟在其著作《公民模范》中述及“泛言之，一国之公民，即为产于其国之人。而既为是国之公民，则凡是国之种种利，俱得享有之，且同时谋国家幸福之责任。亦即以一身而担荷之矣”①。这是中国对“公民”一词的最早定义，初步呈现公民集“权”“责”于一身的特征。1925年，旷雷鸣在《公民训练纲要》中指出：“身心健全之人民，在群众生活上能享受所有之权利及负担各种之义务者，皆谓之公民。凡身心不全或其公权已依法律褫夺，而不能负担社会之义务者，皆不能谓之为公民而为普通之人民。”②1935年，范公任在其编撰的《小学公民训练概论》一书中，对“公民”进行了广义和狭义的界定：“狭义的公民，是指一个国民达到了法定的年龄，具备了法定的资格，而享受法定的权利，与履行法定的义务者而言；换句话说，狭义的公民便是参与政治活动的分子。广义的公民，是指一个社会的构成者而言；其公民资格是社会性质的而非政治性质的；是本于自然权利的而非人意赋予的；换句话说，广义的公民便是参与社会活动的分子。”③根据这一定义，狭义的“公民”局限于政治框架内，而广义的“公民”是相对于“私民”而言的。在中国古代专制社会，所有人都是被人“私有”的，都属于没有独立人格的“私民”。春秋战国时期就有“溥天之下，莫非王土；率土之滨，莫非王臣”之说。换言之，古代社会实质上是私人的“家天下”，在这种结构中，所有人在人格上都从属于他人，同时也侵占比自己地位低下者的人身权利。④因此，范公任对公民的界定已经较为精确，接近现代意义上的“公民”——“具有本国国籍，并依据宪法或法律的规定，享受权利和承担义务的人”⑤。其内涵是基于权利和义务与国家形成不能分割的联系。

---

① 转引自栗蕊蕊.学校道德教育的本土演进：以公民教育为核心[M].北京：中国经济出版社，2014:9.

② 转引自栗蕊蕊.学校道德教育的本土演进：以公民教育为核心[M].北京：中国经济出版社，2014:9.

③ 转引自栗蕊蕊.学校道德教育的本土演进：以公民教育为核心[M].北京：中国经济出版社，2014:10.

④ 檀传宝.论“公民”概念的特殊性与普适性：兼论公民教育概念的基本内涵[J].教育研究，2010(5):19.

⑤ 转引自楚静.当代大学生公民教育理论与实践[M].北京：光明日报出版社，2008:50.

第二节
公民教育的历史研究及其基本内涵

一、西方公民教育思潮的演进

公民教育萌生于古希腊城邦，随着西方资本主义的发展，公民概念不断演变，公民教育的基本内容随之也有相应的变化，呈现出鲜明的时代特点和各异的国别实践。[①]在古希腊时期，公民专指“享有特权的一小部分人”的原始形态决定了当时公民教育的目的和内容。古希腊教育“要求一个理想的公民应当具有健康的体魄，广泛的智力活动和文化，无可非议的嗜好”[②]。好的公民就是他的所有能力得到和谐发展，而且他应该具有善良公民的美德，即有节制、勇敢、宽容和正义。古希腊哲学家苏格拉底常与门徒讨论正义问题。他认为正义的本质就是遵守城邦的法律，或曰：守法就是正义。[③]这种观点在亚里士多德和柏拉图那里得到了继承和发展。柏拉图在其著作《理想国》里把公民分为手工业者、战士及哲学家，他极力主张以长期的公民教育来选拔“卫士”和“哲君”，使铜质的人（即手工业者）勤于生产，银质的人（即战士）成为执干戈保卫疆土的战士，金质的人（即统治者）凭智慧和公正来治理国家。总而言之，柏拉图的公民教育重在为城邦服务。亚里士多德在其著作《政治学》中强调了公民

---

① 吴理财，王为．公民政治学[M]．上海：上海远东出版社，2022:178.

② E.P.克伯雷．外国教育史料[M]．任宝祥，任钟印，主译．武汉：华中师范大学出版社，1991:9.

③ 色诺芬．回忆苏格拉底[M]．吴永泉，译．北京：商务印书馆，1984:164.

教育的重要性。他认为教育是政治的一部分，是国家最重要的工作，旨在训练公民行使参政权的能力，培养人们遵纪守法的习惯。同时，他也倡导一种“既不立足于实用，也不立足于必需，而是为了自由和高尚的情操”的教育，即自由教育。概言之，亚里士多德的公民教育思想在于守法与自由并重。然而，公民教育在西方也曾经历中断，那便是欧洲的中世纪。这个时期人权被神权所取代，在神权面前，人是卑微的，毫无权利可言，人对于上帝只能尊奉，不能怀疑。经过这个黑暗的时代，欧洲迎来了启蒙运动。启蒙运动的核心在于关注人作为个体的权利，强调人生来就享有自由、平等和维护自我尊严的权利，这种权利不容任何人以任何名义剥夺。至此，现代公民意识、公民精神和公民社会才建立起来了。1765年，英国的约瑟夫·普里斯特利在《论一种旨在文明而积极生活的自由教育课程》一文中，建议在自由教育课程中传递有关国家结构、法律和贸易的知识，这可以看作有关公民教育最早的主张。18世纪末，随着西方各国资产阶级民主共和国的相继建立，为巩固共和国政权，培养国民的公民意识和爱国心、责任心，一些政治家、思想家纷纷主张对民众实施公民教育和训练。19世纪70年代以后，公民教育成为资本主义各国中小学课程的公共必修课。早期的公民教育，多以培养公民的国家意识和公民意识为目标。随着经济的繁荣与民主政治的发展，现代资本主义国家根据各自的实际情况改革公民教育，使其趋向更加有利于完善民主制度、培养公民能力、鼓励政治参与和履行义务的发展方向。各国在推行公民教育的过程中，有一些带有本国社会制度或历史文化传统的鲜明特性，有一些则体现了人类文明社会所共有的价值诉求，如民主、自由、平等和爱国等。

在不同的时代、不同的国家或地区、不同的文化背景下，公民教育的内涵也不尽相同。不同的国家开展公民教育的载体和方法不同，公民素质的构建内容各异，公民在现实生活中的地位也有所区别。但多数国家公民教育的基本内容大致相同，即主要侧重于知识教育、技能教育和规范教育。

从西方公民教育的发展历史来看，依据哲学基础的不同，有学者把西方公民教育思想分为自由主义、共和主义、社群主义和多元文化四种。自由主义公民教育思想认为，所有国家的教育体系，都是在向未来公民灌输政治秩序的基本概念和价值观，所以培养未来公民养成一种国家政治价值观的系统教育，就是公民教育的内涵。自由主义公民教育强调公民教育的重点在于公民意识的培养，其目的在于将维系自由社会的整套公共价值、政治道德，以及相关的判断能力与民主素养教给未来公民。共和主义公民教育强调对具有凝聚和引领社会功能的公共美德与共同价值观，即“共同善”(common good)的追求，它认为公共利益高于个人利益，担任公共职务、参与公共事务有助于公民养成公民美德。公民通过追求、维护“共同善”而凝聚为命运共同体。而公民教育的目的在于引导公民履行其责任与义务，树立公共利益优先的观念，培养公民履行责任和义务以及行使公民权利的主观愿望。社群主义公民教育既重视公民个体平等的权利，也提倡通过培养公民对社群的认同以实现社会的“共同善”，它倡导积极的公民参与，重视公民社会公德意识与爱国热情的培养，重视培养能够尊重、容忍和包容文化差异，善于处理文化矛盾与冲突，具有跨文化适应能力的公民。多元文化公民教育认为，当前文化所主导的单一认同对于多元的个人或族群的认同是相当不利的。现今社会是一个多元异质的社会，任何强调单一认同的做法，将无法满足个人与族群间的多元需求。面对异质多元的公众社会，公民教育的内涵在于培养相互尊重且有能力积极面对与解决不同文化冲突的公民，以求达到它所希望的公民教育目标。多元文化的公民教育者希望帮助公民了解并肯定其社群文化的价值，通过多元文化的学习，进一步帮助其免受所属文化的限制，以寻求一个可以使多元文化价值获得实践的理想社会，通过民主政体的支持，帮助国家体系中分歧的个人或族群文化价值获得认同与尊重。①

西方公民教育思想的演变表明，在欧美国家，人们已经逐渐认识到在自由主义伦理下公民思想所带来的社会问题，并开始转而向东方寻求智慧，以解决公民社会问题。

① 张素蓉.西方公民教育的发展探析[J].教育评论，2009(6):161.

二、公民教育的概念和基本内涵

公民教育是国外许多国家教育的核心目标，对教育内容、教育方法、教育标准等都有法律规定。国外公民学对公民教育的规律做了深入思考。

公民的责任与权利相统一。公民教育就是把受教育者培养成为积极、自主地享有宪法和法律规定的权利，履行相应义务的责权主体的过程。学者普遍认为，现代公民教育主要包括公民权利教育和公民义务教育两个方面，公民意识是公民权利意识和义务意识的统一。

公民教育的内容涵盖以下三个方面。一是培养公民对国家制度、法律制度的合理性认同，使公民意识到自身拥有不可剥夺的权利，对国家和社会也承担着不可推卸的责任，其核心是一种社会主体意识的培养。二是培养权利与义务相统一的观念，让公民懂得不尽义务的权利是一种特权，而不享有权利的义务必然导致盲从和被奴役，二者都与现代民主法治精神相悖。三是培养民主、平等的现代精神，这种现代精神是现代社会公共生活的基本准则，也是现代公民的基本素质。

公民教育应当是以公民的本质特征为基础而建立起来的教育体系。公民具有与私民、臣民相对应，与国民、人民相区别的内涵。公民教育必须满足三个基本条件：以公民的独立人格为前提，以权利与义务的统一为基础，以合法性为底线。因此，在本质上，公民教育必然是主体性教育，权利与义务相统一为其基本的教育取向。

公民教育与国民教育同源。有的学者认为，国民教育（national education），也就是公民教育（civic education），是每个出生在这个国度里的人都有权接受的教育，如在未成年前须接受的义务教育，以及此后的职业技术教育、中等教育和高等教育等。

公民教育是培养个人承担公民责任所需技能的教育。广义的公民教育是指一个国家采取多元的途径，培养国民形成效忠国家的意识，掌握有效参与公民生活所需的知识、态度和技能，进而增强其责任心和荣誉感，成为良好的公民。而狭义的公民教育，是指各级学校中强化与公民教育相关的课程以及训育活动等，借以培养儿童和青年的爱国意识、民主观念和法治精神，使他们养成参与社会生活的能力，成为合格的公民。

综上所述，所谓公民教育是指通过适当的教育手段，促使公民形成对自身角色身份的正确认识，成为依法享有权利并履行义务的责权主体，从而培养国家与社会需要的合格公民的过程。由于人们在对公民教育概念的理解和适用范围上存在差异，公民教育通常被划分为广义与狭义两种。其中，狭义的公民教育主要指的是对公民权利和公民义务的教育，旨在培养公民参与公共事务所具备的基本价值观念、基本知识和技能。而广义的公民教育则是各种公民教育活动的总称，包括公民意识、公民精神和公民美德等诸多内容。①

三、国外公民教育实践

公民教育起源于近代西方国家，与民主共和的宪政制度相伴相生，是市场经济与大工业发展的必然产物，同时也是西方近代国家主义思想的重要体现。在不同的时代、不同的国家或地区、不同的文化背景下，公民教育的内涵也不尽相同。

法国的公民教育。1791年，法国颁布了第一部宪法，提出了公民教育的思想，因此被认为是公民教育的创始国。1882年，法国开始设立公民教育课，从根本上打破了宗教在学校德育中的垄断地位。20世纪60年代，由于民主运动的再次高涨，尤其是“五月风暴”，法国实行新的教育改革，大力强调公民教育，从而开启了以民主权利与公民义务责任并重为特征的公民教育新时期。20世纪80年代，法国重新审视以往的公民教育问题，并从育儿学校开始加强民主和权利的启蒙教育。一百多年来，法国始终以培养公民责任感作为公民教育的重点，但又因不同历史任务而使具体目标有所调整，呈现出不同侧重点，其核心就是强调把一个人培养成现代社会公民、劳动者及具有自律性的自由人。1945年，法国的教育训令规定了个人品质、合格公民和良好的职业道德三类德育目标。

① 吴理财，王为．公民政治学[M]．上海：上海远东出版社，2022：168．

美国的公民教育。1776年,《独立宣言》把人们熟知的抽象概念与社会实际联系起来,初步确立美国人的公民意识,成为美国政治和文化传统的一个重要里程碑。早在1790年,美国就开设了"公民学"(civics),目的是培养学生的爱国心,加深对美国政治制度、国家理念的理解。第一次世界大战期间和战后,由于大量移民涌入美国,政府将"强化公民教育、培养合格公民"当作学校教育的基本目标之一。在美国的现代公民教育发展中,著名教育家杜威的公民教育思想影响深远。杜威一贯倡导"民有、民享、民治"的理想的公民教育。早在1879年杜威发表的《我的教育信条》这一纲领性文件中,他就把教育作为实现民主社会的手段和工具。在一次演讲中,他更是明确提出:教育的目的是要养成配做社会的良好分子的公民。[①]杜威培养公民的主要措施,是加强学校与社会的合作,他认为学校应为民主的目的存在,为公民利益存在,并致力于塑造学校的民主生活。杜威所思考的一直是为民主社会造就公民,这一宗旨贯穿了美国整个公民教育的历程。

英国的公民教育。1765年,英国教师兼化学家约瑟夫·普里斯特利发表了《论一种旨在文明而积极生活的自由教育课程》,这被看作英国有关公民教育最早的主张。然而,在此后的一百多年里,英国的公民教育并未受到重视。直到1910年,英国教育委员会对"好公民"有了明确的定义——具有正确的工作态度、恪守各种制度、行为无私且谦逊等。在随后的近百年里,随着英国历史的演进和民主政治的发展,"好公民"的标准也在变化,公民教育的目的也在对"好公民"的理解中不断深入。二战期间,学校教育成为加强自由民主、抵御法西斯的手段。二战后,主张重新诠释谦逊、贡献、自制、尊重个性等价值观。20世纪下半叶,移民的涌入迅速将英国转变为一个多元文化的国家,"好公民"的品质随之扩大到在一个多人种的多元社会中正确认识自身的责任。21世纪,为加强公民道德教育,英国把"公民课"作为国家基础课程之一引入中小学教育体系,把知识的传授和人道主义、国家意识的渗透有机结合起来,使英国的公民教育进入了新的时期。

---

① 杜威.杜威五大讲演[M].胡适,口译.合肥:安徽教育出版社,2005:95-105.

德国的公民教育。19世纪末，德国教育家凯兴斯泰纳提出“公民教育”主张，并从理论上论证了“公民教育”思想。20世纪初，德国开始重视提升国民的政治素养水平。1918年，德国政府以宪法的形式保障公民教育的实施，规定“公民学”为学校的一门学科，在此后的较长历史时期里，德国公民教育的目标聚焦于发展德国宪法的“基本价值”(grundwerten)，这一目标取向是整个社会唯一具有普遍共识性的公民教育目标。21世纪，德国公民教育发生了重大变化，强调要通过教育和培训，为国民提供了解外国语言、文化、民族特性等方面的学习机会，使国民具有国际化生存与就业的能力，同时培养国民包容开放的世界观，为德国公民教育注入新的内涵。

纵观西方各国的公民教育，虽然各国对公民教育的内涵、外延及实践模式各有不同的取向和侧重，但共同点是“公民教育始终是围绕着公民与国家或其所属共同体的关系进行的”“尊重人的主体性，注重个人参与国家、社会政治生活的理念，为国家、民主社会培养良好的公民，是一贯的精神宗旨，贯穿于整个西方公民教育历程的始终”。①

① 张素蓉.西方公民教育的发展探析[J].教育评论，2009(6):161.

第三节 我国的公民教育及其展望

一、我国公民教育发展的历史脉络

在东方文化背景下，公民意识是西学东渐的产物。中国的公民思想在辛亥革命之后出现，在1917年我国已经出现了最早的公民教育读本。但遗憾的是由于种种原因公民教育在20世纪30年代中断，直到20世纪90年代后期才得以恢复。2001年，公民教育才真正提上我国教育议事日程。但那个时候的公民，还仅仅是法律层面的公民，对于公民意识和公民素养，根本还未能谈及。在2009年党的十七届四中全会，公民教育才被提升到新的高度，并在随后颁布的《国家中长期教育改革和发展规划纲要（2010—2020年）》中提出要"加强公民意识教育"。从这一发展趋势来看，走向公民社会是时代的呼唤，是一种不可逆转的潮流。中国政治文化建设正面临历史性的转型，一个体现现代公民社会本质的公民思想道德政治建设的新纪元即将开启。随着我国物质文明、精神文明、政治文明、社会文明和生态文明的全方位推进，公民教育必将受到空前的关注。公民教育是素质教育的一个有机组成部分，是传统德育的现代转型，是中国现代思想文化启蒙与改造国民性运动的历史性延续。

二、东西方公民教育思想的对比

在西方历史发展过程中，西方的公民概念建立在个体主义基础上，也就是说，西方的公民首先相信每一个人都是独立的个体，必须无条件地尊重个体在法律规定范围内的权利，而后才能够考虑国家和集体的利益，个体是至上的。这种以个体主义为核心的公民教育出现了种种问题。例如，个体主义虽然能够维护个体人的自由、民主、平等和尊严，然而个体主义在某种程度上也很容易走向自私。这一点在2008年以来世界范围内的经济危机中表现特别突出。不管是在法国还是希腊，为了降低赤字，从危机中拯救国家，法国和希腊政府号召公民自觉降低工资和福利。然而这一倡议引起了这些国家人民的强烈反对，人民通过罢工的方式来表示对这种政策的反抗。可以预见的是，这种自私的行为只能使国家更加窘迫，经济更进一步下滑。东方的公民概念是从西方引进的，在一定程度上带有西方文明的烙印，具有一定的个体主义思想内核，在一定程度上也是个体至上的。然而，东方毕竟有着几千年的传统文化，而这种文化是以和谐精神、集体意识为核心的。东方的公民概念就是在上述东西方文化融合的基础上形成，这一概念在处理个人的事情时，以个体主义思想为基础，强调自由和平等，但是在处理国家和社会事务时，则强调集体的利益。东西方公民的差异鲜明地体现在东西方人在面对国家和社会问题时的态度。1998年，韩国金融危机爆发后，首尔几万民众游行要求自动减薪，以和国家同舟共济，共渡难关。2011年，欧洲一些国家因为政府财政危机，不得不削减一些人员的工资，引来的是人们游行示威和暴力反对。2011年，日本大地震发生时，日本民众没有为了个人所谓的"生存权"而惊慌失措，而是表现出镇静、秩序等良好素质。

因此，我国的公民素养教育，坚决不能照搬西方，而是要结合东方的仁爱思想、集体主义思想，来塑造富有东方特色的公民素养教育。

三、构建适合中国国情的公民教育体系

随着中国社会主义市场经济体制的确立，"依法治国"理念的倡导，以及对国际社会的积极融入，对公民教育的讨论也日渐兴起。"公民"这个源于西方的概念，其思想理论、意识形态都在西方。在全球化的今天，解决中国问题既需要世界视野，也需要中国文化。在借鉴人类文明优秀成果的基础上，可基于以下几个方面构建适合中国国情的公民教育体系。

(一)构建整体身份理念

西方公民教育思想的四大流派,即自由主义、社群主义、共和主义和多元文化在发展过程中,不是后一种主义代替前一种主义,而是一种相互吸收的过程。当代的西方公民教育也不是单一的某种主义,而是以自由主义为主导的多种思想的融合。[①]有学者提出"超越二元对立:构建整体的公民身份理念",这个理念包括个体与社会、权利与责任、身份与美德的融合与统一。

(二)构建中国公民身份体系

当代社会公民身份已经超越了单一的国家公民身份,西方各国针对本国实际也提出了不同的身份层级划分。在中国,公民教育的发展也离不开对公民身份的再认识。有一个划分得到了很多学者和专家的认可,即将公民身份划分为个体公民、国家公民、社会公民和世界公民。个体公民是指具有主体人格的个体,国家公民是指具有权利和义务的国家成员,个体公民和国家公民是公民身份的基本形态。社会公民是公民社会中的成员身份,世界公民是具有世界意识、人类情怀的公民,社会公民和世界公民是公民身份的扩展形态。

(三)构建学校公民教育的理论和策略

针对个体公民、国家公民、社会公民、世界公民的层级划分,有学者提出将此作为公民身份认同教育的内容。学校作为公民培养的主阵地,可以通过"设计学校课程、构建学校公共生活和建设民主学校共同体"三个途径进行公民教育。就公民课程而言,应建立一种重视境域、生成和复杂性的"全景式课程观",构建全面覆盖的公民教育课程系统,包括学科课程、活动课程和生活课程。学校的公共生活是一种以培育学生公共性为目标的"教育公共生活",是师生自觉建构的"好的公共生活"。而创造民主的学校生活,让学生亲身体验民主生活,这既是公民教育的基本手段,也是公民教育的实践。中小学生只有生活在民主学校的共同体中,才能真正成长为公民。[②]

---

① 檀传宝.建构中国公民教育体系的重要探索:评冯建军教授近著《公民身份认同与学校公民教育》[J].中小学德育,2015(10):13-14.

② 檀传宝.建构中国公民教育体系的重要探索:评冯建军教授近著《公民身份认同与学校公民教育》[J].中小学德育,2015(10):15.

走向公民素养的教育需要我们在实践中不断探索适合中国国情的教育体系，需要教育工作者认真思考“培养什么人”“怎样培养人”“为谁培养人”。

四、我国公民素养教育的意涵

“素养”一词，《辞海》解释为修习涵养、平素所供养、素质与教养、平时养成的习惯等意，从本质上看“素养”是后天习惯的养成，与强调具备先天品质的“素质”有所区别。中小学生作为未成年公民，其公民素养可以通过教育获得提高，而良好的公民素养唯有通过教育才能最大化地实现。由此，便产生了“公民素养教育”概念。

我国公民素养教育既不是教条式地借鉴西方公民教育，也不是在原有德育框架下的方法变革和内容扩大，而是要系统化地设置课程内容和进行整体教育模式的革新。从受教育对象的角度看，公民素养教育的对象存在年龄段、学段的不同，这也决定了教育内容的不同。因此，公民素养教育在课程内容设置上，要根据受教育对象的特点设置阶梯式、模块化课程，避免在教学过程中出现偏差和错位。从施教的领域看，基础教育学校的公民素养教育应由家庭、学校、社会三方协同完成，其中学校教育占据主导地位。学校专职教师、家长和社会教育工作者要及时沟通协作，确保公民素养教育获得理想的效果。

“做一个什么样的公民”是一个关乎中国式现代化进程的严峻问题，也是公民素养教育必须面对的价值取向问题。提升公民素养是我国基础教育学校公民素养教育的基本任务和基本功能，这直接关联到“培养什么人”“怎样培养人”“为谁培养人”的根本问题。我国公民素养教育以“培养德智体美劳全面发展的社会主义建设者和接班人”的教育方针为准则，坚持“五育”并举，体现了公民素养教育的全民性、全面性、普遍性。公民素养教育既要对一般意义上的公民开展教育，也要对基础教育阶段的公民实施符合社会发展需要的教育，这样才能不断拓展和丰富公民教育的内涵。

第二章
聚焦公民素养的学校文化

学校文化反映着学校的精神内核，是影响教学的重要因素，也是影响学校发展的关键要素之一。在公民素养教育的特色定位下，探寻其背后的文化底蕴，是进行课程体系建设、开展特色教学探究的基础和前提。

第一节
继往开来　明确方向

一、时代发展的现实之需

21世纪后，全球化成为国际大趋势，政治、经济、文化等各个领域的全球一体化已趋于常态，国家与国家之间的利益关系既相互依存又相互竞争。在这一背景下，中国与各国紧密相连成为时代发展的主旋律。同时，全球一体化也促进了教育的变革，培养具有国际视野、兼容并蓄的国际化小公民成为教育一体化的内在之义。

直辖后的重庆日新月异，大步发展。党的十八大以来，重庆以“科学发展、富民兴渝”为总任务，打好发展和民生这两张关键牌，打造国家级新区——两江新区，加快了将重庆建成西部地区重要增长极的步伐。

国家的振兴、城市的发展，都须以人才为支撑。人的素质是提升城市核心竞争力的第一要素，自然也是提升国家竞争力的关键所在，是中国更好地参与国际竞争与合作的重要基础。随着全球一体化的加速发展，国家必然需要越来越多的国际化人才，为促进国际交流、推动社会发展做出贡献。中华民族要屹立于世界民族之林，需要加强公民素养教育。美国学者加尔布雷思曾言：“一个国家的前途，不取决于它的国库之殷实，不取决于它的城堡之坚固，也不取决于它的公共设施之华丽，而在于它的公民的文明素养，即在于人们所受的教育。”[①]不可否认，当前教育所缺失的是对学生进行基本公民素养的教育。因此，加强公民素养教育，提升国民的基本素养，理应成为当前我国教育实践过程中的重要关注点。

公民素养教育关乎着个体生命的成长，影响着社会秩序，同时反映着国家形象，代表着国家的精神风貌。在美国历史上，从乔治·华盛顿到托马斯·杰弗逊，国家总统长期关心公民素养教育，从最初简单的公民政治素养教育逐步发展到较为完善的道德品质、知识体系和社会技能等成体系的公民素养教育。从这点上来说，教育在推动公民素养发展上任重道远，它关系每个生命价值彰显的程度，关系每个生命潜力挖掘的深度，关系每个生命社会责任担当的宽度，关系每个生命质量延续的长度。所以，美国将实施公民素养教育上升到国家高度，从法律层面保障公民素养教育真正落地，是我国在探索公民素养教育道路上的有效借鉴。

二、国家政策的内在之义

公民素养的高低直接决定着国家现代化的程度与水平，因此国家从政策层面先行，强调对公民进行公民意识与公民素养教育的重要性。

党的十七大首次提出了要加强公民意识教育。随后，在党的十八大报告中专门提出要全面提高公民道德素质。《国家中长期教育改革和发展规划纲要（2010—2020年）》指出：“加强公民意识教育，树立社会主义民主法治、自由平等、公平正义理念，培养社会主义合格公民。”这表明公民教育已经成为我国教育的一个战略主题，如何培养国民的公民意识和公民素养，是我国教育的重要关注点之一。可见，国家层面已经开始高度关注公民教育的问题，增强国民的公民意识和提升国民的公民素养已经成为我国教育发展的重要战略主题。

在党的十八届三中全会上通过的《中共中央关于全面深化改革若干重大问题的决定》明确指出：“全面贯彻党的教育方针，坚持立德树人，加强社会主义核心价值体系教育，完善中华优秀传统文化教育，形成爱学习、爱劳动、爱祖

① 转引自曾水兵.现代性视野下的国家认同教育研究[M].杭州:浙江教育出版社,2022:6.

国活动的有效形式和长效机制，增强学生社会责任感、创新精神、实践能力。”2016年9月13日，《中国学生发展核心素养》总体框架出台，该报告以科学性、时代性和民族性为基本原则，以培养“全面发展的人”为核心，分为文化基础、自主发展、社会参与三个方面。其中，社会参与重在强调学生能处理好自我与社会的关系，养成现代公民所必须遵守和履行的道德准则和行为规范。2022年4月，新修订的义务教育课程方案和各学科课程标准的出台，标志着我国义务教育迈入培养学生核心素养的新阶段。《义务教育课程方案（2022年版）》强调，依据学生终身发展和社会发展需要，明确育人主线，加强正确价值观引导，重视必备品格与关键能力培育。精选课程内容，注重培养学生的爱国情怀、社会责任感、创新精神与实践能力，奠基未来。核心素养导向下的义务教育课程方案，提出了新的教育教学要求，致力于培养有理想、有本领、有担当的社会主义建设者和接班人。

时代的进步，国家的发展，使中国在顺应人类发展共同愿景的追梦过程中不断反思前行，提出了“富强、民主、文明、和谐，自由、平等、公正、法治，爱国、敬业、诚信、友善”的社会主义核心价值观。这是对当前社会理想与社会价值追求的外化，也是对每一个公民提出的具体要求。社会主义核心价值观，反映了党和国家对公民素质的深切关注，在追求经济高质量发展的同时，对公民也提出了明确的具体要求。

三、学校历史的必然之向

重庆市渝中区中华路小学，曾名为渝中区第二实验小学，前身为私立达育学校，创办于具有特殊历史意义的1911年，震惊世界的辛亥革命便发生在这一年。在辛亥革命的炮火声中，学校秉持教育家蔡元培先生的“军国民教育、实利主义教育、公民道德教育、世界观教育和美感教育”思想立校。这一新的教育思想使学校从“养成共和国民健全之人格”的理念出发，践行民族复兴的辛亥革命精神，为培育合格中华公民而不懈努力。

在历史发展的长河中，学校始终坚持以科研推动学校发展，形成了科研兴校、科研强校、和谐发展的学校特色。打造特色学校的追求让中华路小学一直屹立在重庆市小学教育发展的前沿，使之成为重庆市首批示范小学之一。学校的协同教育、注重学生心理健康教育等课题，都是学校发展历程中的一个个闪光的里程碑。2007年，学校承担了特色学校建设的课题，以“培育都市公民素养，打造国际品牌学校”为主题，展开了一系列的研究和实践活动，并取得了良好的成绩。由此可见，学校一直将教育的即时目标与学生发展的长远目标进行有效整合，纠正了教育过程中存在的“偏差”，即“偏”于对教材知识的强制灌输；“差”于对人的基本素养的培育。不拘一格降人才，是学校培养目标的价值取向；注重学生的长远发展，是学校培养目标的内涵之意；关注学生基本素养的培养，是学校培养目标的具体要义。

学校教育是培养公民素质的重要途径，而基础教育对公民素质形成起着关键作用。[①]学校在百年历史的沉淀及百年风雨的洗礼中，逐步明确了公民素养教育是未来中国教育发展的重要方向。因此，学校在发展过程中应更加聚焦于这一问题，加大研究和实践的力度，并在此基础上构建学校的核心发展理念，搭建学校的文化体系，让科研兴校的特色得到进一步彰显，将学校的发展推向新的高潮。

① 朱福胜，宋乃庆.基础教育对公民素质提高的显示度研究：基于重庆市四区县的调查[J].中国教育学刊，2009(6)：16.

第二节
系统分析　三元聚焦

学校发展系统规划既是对学校管理方式的更新，又是学校利益相关者共同制定和实施方案的过程，为学校持续向前发展提供不竭动力，同时推动学校教育教学改革的不断深化。

重庆市渝中区中华路小学历经百年积淀，以"培育都市公民素养，打造国际品牌学校"为主题，进行理论研究和实践探索，聚焦"公民素养教育"，在校园文化、课程体系、教学理念等方面践行了"为党育人、为国育才"的使命，全面提升了学生的核心素养。

一、学校发展的系统分析

渝中区中华路小学成立于1911年，由当时的巴县屠宰业公会出资创办，即私立达育学校。1956年，学校由政府接办，并更名为中华路小学。1958年，学校首次被确定为区级重点学校。1981年，学校被四川省确定为首批办好的重点中小学之一。1991年，中华路小学更名为重庆市渝中区第二实验小学。1999年，学校兼并了黄沙溪小学，设立渝中区第二实验小学分部(现渝中区中华路小学校竹园校区)。2011年5月，学校恢复中华路小学校名。学校现有一校两区，共有学生2700余人。目前，学校共有教职工189人，其中，特级教师、重庆名师、市级学科带头人8人，市区级骨干57人，市区级名师工作室2个；全国优秀辅导员和共青团干部、省部级劳模、市优秀共产党员、市优秀班主任10

人。学校是一所管理一流、师资一流、教育质量一流的重庆市传统名校。

那么,如何对学校进行既系统又客观的分析呢？SWOT模式给我们提供了有力的工具支持。所谓SWOT,就是要详细分析学校当前发展的优势(Strengths)、劣势(Weaknesses)、机会(Opportunities)和挑战(Threats)。其中,优势和劣势是从组织内部进行分析,机会和挑战是从组织外部进行分析。[①]SWOT模式最大的特点在于它能够在系统分析的基础上,全面地"诊断"问题,并根据问题有针对性地"开处方",两者紧密结合,条理清楚。为了开展好SWOT分析,我们对学校进行了深入分析和调查,对领导班子、教师代表、学生代表、家长代表等进行了深层次的访谈,同时也对学校骨干教师和优势学科进行了听课活动。在此基础上,得出以下结论(图2-1)。

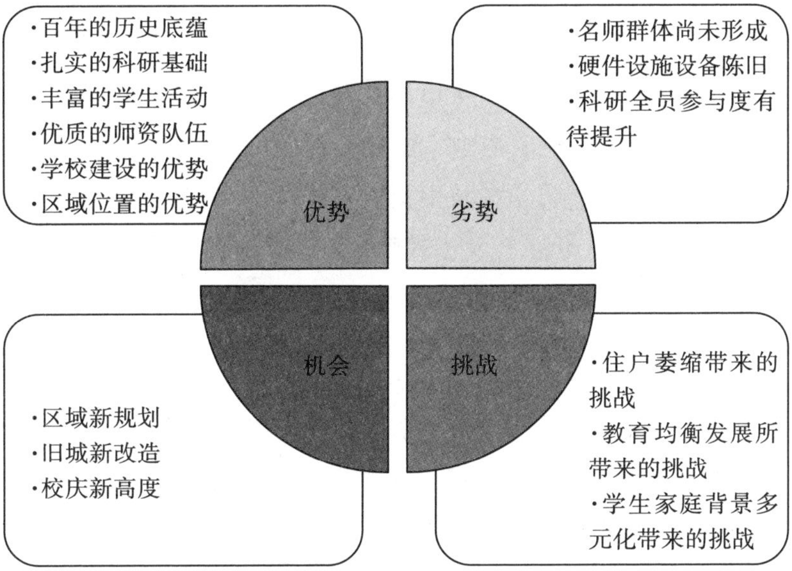

图2-1　渝中区中华路小学SWOT系统分析图

(一)学校发展的优势分析

1.百年的历史底蕴

巴山苍茫,渝水浩荡,在美丽且具有幸福感的渝中半岛上,磅礴而灵秀的山水间孕育着重庆市渝中区中华路小学这颗璀璨的教育明珠,这所百年老校,

① 陈聪富.学校发展性督导新探索[M].杭州:浙江工商大学出版社,2019:182.

已树人万千。学校源远流长的文化底蕴、求真务实的教学风气以及“达成育人”的教学目的，都让中华路小学在家长和学生心中留下了美好的印象。过硬的教学质量，全面发展多种才艺、不拘一格降人才的价值追求，更是深得家长和社会各界的认可与赞誉。

2.扎实的科研基础

学校在发展过程中逐步确定了科研强校的发展之路，并为之付出了诸多努力。早在1978年，中华路小学就在时任校长胡祖华先生的带领下，率先成立了全市第一个独立的教科室，并以科研为引领，以课题为核心，努力创设优越的科研条件，营造浓厚的科研氛围。在发展过程中，学校在协同教育、活动课程实践、心理健康教育、校本培训促发展等方面的研究均取得了丰硕的成果，且这些研究均处于全市领先地位。2002年，学校被评为“重庆市教育科研先进单位”。2004年，学校被评为“重庆市教育科研先进集体”。2006年，学校被评为“全国中小学科研兴校示范基地”、渝中区“十五”科研先进单位。同时，因教师在科研方面的出色成绩，学校被中文核心期刊《中国教育学刊》纳入理事单位。在渝中区与西南大学联合共创教师教育示范区项目的支持下，学校科研工作得到了来自西南大学教育学部的专家常态化的跟踪与指导。

3.丰富的学生活动

自实施素质教育以来，中华路小学以各种丰富多样的活动拓展学生的课余生活，取得了丰硕的成果，得到了家长和社会的高度赞扬。多年来，学校已经形成了“金钥匙科技节”“全民健身体育节”“五月鲜花艺术节”“传统节日活动”和“研学活动”纵横交错的教育活动网络体系。在坚持做好品牌活动的前提下，学校不断探索新的活动形式，确立了“每月一主题，每次一亮点”的活动目标。如在2015年9月，以“老师，您辛苦了”点亮该学月的主题；2016年5月，以“奔跑吧！少年！”为春季运动会增色添彩。每一学月的主题活动真正激发了学生的内在活力，提升了学生的身心素质。同时，学校长期注重形体、游泳、足球等体育项目的训练，还获得了“重庆市体育项目传统学校”的称号。

4.优质的师资队伍

韩愈在《师说》开篇就写到“师者，所以传道授业解惑也”，可见教师在学生的成长过程的重要作用。而在一所学校长远的发展过程中，师资队伍质量，是学校教育教学质量的根本保证。教师作为学校人才培养、知识贡献的主体，是办学的主要力量，教师队伍的整体水平标志着学校的办学水平。造就一批基础理论深厚并具有开拓创新精神的老中青年教师和骨干教师，全面提高师资队伍的整体水平和竞争实力，既是师资队伍建设的重点，也是学校可持续发展的需要。在历史积淀和各届校长的努力下，学校拥有了一支高质量的教师队伍。儒雅的个人风度、高尚的教育情怀、敬业的精神、无私的奉献，就是中华路小学教师的真实写照。尤为重要的是，这支队伍具有敬业奉献精神，能够相互团结协作，共谋学校发展大计，为学校未来的发展奠定坚实的基础。

5.学校建设的优势

在渝中区委区政府的高度重视下，中华路小学正式实施扩建工程，由15亩扩展到22亩，拥有室内建筑面积3万平方米，生均面积达到18.5平方米。这样的生均室内面积在整个重庆市的小学中实属罕见。学生将在五彩居挥毫泼墨，在弈艺阁里棋行天下，在形体室里翩翩起舞，在美食教室大展厨艺，在游泳馆里勇争第一……这些多样化的功能教室为学生的全面发展提供了空间，也为学生各项素养的培育提供了方便。

6.区域位置的优势

渝中区作为重庆市的首善之区，区域经济发达，位居重庆市前列。学校位于渝中区和平路240号，地处渝中区的核心区域。渝中区不少政府机关部门均分布于学校周围，这为学校争取更多的行政支持奠定了基础。学校附近有市美术馆、市少年宫、区文化馆、区艺术馆等文化单位，为学生提供了丰富的社会实践的机会。学校距通远门城墙公园仅100米左右。通远门是重庆市唯一遗留下来的古城墙，是重庆市宝贵的文化遗产，同时“通远”寓意“通向远方”，对学生有着积极的激励意义。

(二)学校发展的劣势分析

1.名师群体尚未形成

学校的师资虽然比较优秀,但是由于改制、兼并等原因,师资没有得到应有的补充和完善,因此,和同类优质学校相比,学校师资力量又相对较弱。虽然有个别名师,但是名师群体尚未形成。

2.硬件设施设备陈旧

硬件设施设备是进行教育教学活动的重要保障。学校面临着室外空间相对局促的问题,且场地设施还存在先天不规范性,这都对学校的发展产生了影响。同时,室内的设施设备因使用多年也存在老化现象,如多媒体设备的老化、美食教室的排风排油系统落后等,这些问题直接影响着教育活动开展的效果。

3.科研全员参与度有待提升

学校在科研方面虽然有一定的优势,但全员参与科研课题研究的积极性还有待提高。目前,学校科研课题多以行政领导为主导,骨干教师为支撑,青年教师为抓手,而中老年教师参与度较低。由于中老年教师具有丰富的教育教学经验,在进行科研课题研究过程中更具有发言权和话语权,他们可将零散的经验转化成为系统的成果,具有极大的教学价值。学校作为一个教学共同体、教研共同体,需要每一位教师积极参与、主动参与、深度参与各项教学、科研活动,从而整体提升办学水平。

(三)学校发展的机会分析

1.区域新规划

渝中区提出“都市功能核心区”的总体定位,致力于打造“内陆香港”的发展目标,实现现代服务业核心区、历史文化展示区、山水城市形象区的特色定位,倾力共建“美丽半岛、幸福渝中”。这些规划都为学校的发展提供了难得的契机。此外,渝中区作为重庆市的商业中心区,未来将有更多的工商企业聚集于此,同时,外事机构、跨国公司、著名国企等的入驻,也会为学校带来更多的优质生源和经济资源。

2.旧城新改造

渝中区在最近十年来展开了大规模的旧城改造工程，以“山水舟城、路桥楼景”等特色文化元素为基础，推进历史和现代的有机结合，着力打造经济与文化相协调的“美丽半岛、幸福渝中”。面对本次旧城新改造的机遇，房屋的拆迁、区域的新风貌等都将给学校带来更多的发展空间。

3.校庆新高度

2011年10月，学校成功举办了百年校庆的大型活动。百年校庆不仅提升了学校的知名度，赢得了更多的社会关注，更为重要的是，学校通过此次活动进行了深入的自我反思，确立了“公民素养教育”的特色定位，将以更高站位谋划长远发展，致力于建成川渝地区一流的小学。在近几年，学校虽然没有再举办大规模的校庆盛典，但始终秉持着公民素养教育的核心理念。如在104周年校庆周上，学校以科研年会为主题，在各个课程群的申报答辩中展示、反思学校科研推进的情况；在105周年校庆周上，学校以“建言‘十三五’ 中华展宏图”为主题举办提案发布会，在“关心天下事，做好身边事”的校训引导下，鼓励学生关注发生在自己身边的事，为渝中区的发展建言献策。综上，每年10月的主题校庆周活动能够更好地推动学校的发展。

（四）学校发展的挑战分析

1.住户萎缩所带来的挑战

由于原住户逐渐迁出渝中区，学校周边住户萎缩已经成为一个不可改变的现实。加之在就近入学的政策背景下，住户萎缩将给学校的生源带来一定的挑战。

2.教育均衡发展所带来的挑战

教育均衡发展是我国当前的一项重要的政治任务，是实现教育公平的重要途径。随着推进教育均衡发展力度的加大，教育主管部门将向教育资源薄弱的学校倾斜，扶持更多的优质学校出来，这可能会削弱学校发展的经济基础。

3.学生家庭背景多元化带来的挑战

家庭背景是影响学生学习的重要因素之一，而学校学生家庭背景日益多元化。不同的家庭培养了不同的学生，各个家庭对学生的学习有不同程度的要求。

二、学校发展的三元聚焦

经过上述系统分析梳理，基本厘清了学校当前发展的优势、劣势、机会和挑战。面对这些现实情况，应选择何种路径来突破困境，实现学校的特色发展？学校经过反复思考与讨论，提出了“三元聚焦、生本定位”的特色发展模式。

任何事物的发展，都是基于一定的时间、空间系统和人力资源。因此，古人将“知天时、晓地理、明人和”作为发展制胜的主要因素。所谓“三元聚焦”就是利用“天时、地利、人和”这三个因素来打造学校的发展特色。知天时，即关注时间，把握时代脉搏，从学校过去的传统、当前发展的现状和未来的发展方向来综合考虑；晓地理，即从空间上把握学校发展的可能性，强调立足区域文化，挖掘学校发展的资源；明人和，即满足利益相关人员的共同需求。教育事业归根到底是人的事业，所以要通盘考虑学生的真正需求、教师的共同需求以及学校的发展需求等因素。所谓“生本定位”，即“三元聚焦”的最终指向一定要落实到学生发展的目标上来，一定是以学生为本的，不能笼统地以课程特色、文化特色、目标特色等来代替学生的特色。

通过“三元聚焦、生本定位”的特色发展模式，推动学校的公民素养教育。这一特色的确认是有一定依据的，符合天时、地利、人和等的需求，是在尊重学生的基础上提出来的。

（一）知天时：把握时代脉搏

从学校的发展历史来看，中华路小学最初是由巴县屠宰业公会出资创办的。公会作为公民社会的主要组成部分，强调成员的自主参与和协调合作，需要公民具备一定的素养基础。在中华路小学的发展历史上，曾经有两面鲜艳的“旗帜”：一是创校之时的校名“达育”，意为“达到育人的目的”，即培养高素养的人才；另一个是"协同教育"，由时任校长胡祖华先生提出并带领全校教师深入研究。该理念在当时全国范围内产生了广泛影响，和"愉快教育"等理念一起被教育部、中国教育学会等列为全国推广的四大教育模式。协同的本质在于促进人际和谐，而人际和谐则需要参与者具有独立自主的能力和一定的素养。

从学校发展所处的时代背景来看，当前我国正步入多元价值社会。多元的价值追求让人们有了差异性的发展空间，为人的自由发展奠定基础，然而值得注意的是，多元价值社会带来了价值虚无和道德滑坡的问题。美国学者加尔布雷思认为："一个国家的前途，不取决于它的国库之殷实，不取决于它的城堡之坚固，也不取决于它的公共设施之华丽，而在于它的公民的文明素养，即在于人们所受的教育。"[①]中国公民素养正是中华民族伟大复兴所需要的重要软实力，没有这样的软实力，所有的上层建筑都是缺乏本质的空谈。此外，从现有的情况来看，学校的最显著特色在于活动特色。活动最大的作用是什么？就是培养学生的素养，尤其是活动过程中学生的自主、责任、宽容等品格的养成，这正是公民素养的核心。

从未来的发展趋势来看，为更好地融入世界并提升国际竞争力，国人的素养需要大幅度提升。公民素养的缺失将对市场经济的发展带来很大的阻碍。

回顾历史、反观当下、预见未来，学校有理由、有信心把公民素养教育打造成特色课程，因此公民素养教育是时代之所需。

（二）晓地理：立足区域特色

从地理位置来看，学校位于重庆都市核心功能区的中心地带。如何更好地融入都市、体现都市、完善都市，是学校发展过程中不可回避的问题，也是打造学校特色品牌的契机。因此，培育公民素养，成为学校教育发展的一个重要方向。从文化位置来看，学校位于重庆市文化中心，与市美术馆、市少年宫等文化单位毗邻，丰富的文化资源不仅为学生提供了学习、参与和实践的机会，也为学生公民素养的提高提供了极大的便利。从经济位置来看，学校位于重

① 转引自曾水兵.现代性视野下的国家认同教育研究[M].杭州:浙江教育出版社,2022:6.

庆市经济最为发达的区域之一。这意味着学校必须打造高品质教育品牌，以匹配区域发展定位，进而满足学生和家长的期待。因此，打造公民素养的品牌教育已势在必行。

（三）明人和：满足共同需求

孟子云："天时不如地利，地利不如人和。"此处的"人和"要素系统涵盖了学校发展利益攸关者的特征和需求，如家长的需求、学生的需求、教师的需求等。在考虑各利益相关者的基础上，学校应以和谐创设为准则，以求同存异为手段，紧扣各类教育参与者的根本需求。

家长的需求。家长更多关心孩子的行为习惯养成、兴趣特长培养、差异化成长路径等，而不仅仅是重视成绩。随着社会的发展，教育政策的转变，关注孩子综合发展的观念被越来越多的家长所接受。从根本上来讲，学校所期盼的、家长所期望的，都是让孩子成为一个合格的公民。

学生的需求。现在的小学生其世界观、人生观、价值观被深深地打上了时代的烙印，他们渴望了解不同的文化、展示自我个性、习得多元知识，并期待与众不同。从学生的长远发展来看，积极参与、自主成长、社会责任、领导能力等，也是当前小学生所必备的公民基本素养。

教师的需求。一方面，教师的工作压力越来越大。导致这种现象的重要原因在于部分学生缺乏基本的道德原则和公民素养，只知索求而不知奉献，只知自我而不关注他人，只求个性而不守纪律。提升学生的公民素养，可以大大提升学生的品性和素质，使教师的教学工作更轻松。另一方面，学校教师具有较高的专业素质和过硬的专业素养，他们渴望实现更高层次的发展。因此，打造公民素养教育的品牌，培养具有深厚家国情怀和宽广国际视野的小公民，能够满足教师个人专业发展和实现个人教育理想的需要。

从各学校教育利益相关者的需求来看，公民素养的培育理应作为学校未来发展的方向，学校应该以此为核心构建学校的文化体系。

第三节
深化理念　构建体系

学校理念体系是学校文化建设的核心，是以教育理念为核心所构建的思想体系，学校文化建设需要依循这样的体系来有序进行。一般来说，学校理念体系由教育理念、教育愿景和“一训三风”（校训、校风、教风、学风）所构成。

一、特色定位：公民素养教育

将公民素养教育作为学校发展的特色定位是否过于空洞或宏观？确实，学校的特色发展并不是指倾尽全校之力去发展某一方面的特色，如“书法特色”“象棋特色”“泥塑特色”等。当以某个点为突破口，在短时间内凸显学校的特色，并取得一定成效。但是就长远来看，这样的特色定位只是关注到某个点，对于培养全方面发展的学生来说是得不偿失的。学校经过百年发展，已经积淀多个方面的特色，如游泳项目、艺术体操项目、美食课程，等等。基于这些良好的研究基础，在进一步确定特色定位时我们的目光应该更加长远，考虑应该更加全面。

公民素养教育既关注未来，又扎根现实，具有深厚的社会基础和思想基础。这并不意味着公民素养教育仅仅是一套空洞的思想体系。相反，它非常重视让学生通过日常生活、课程教学、课外活动等途径去养成良好的行为习惯。公民素养教育既有思想根基，又有外在的行为表现方式，能够以此为根基，把学生培养成为未来社会所需要的人才。

二、教育理念：知行合一，养成公民

“知行合一”是我国明代著名哲学家王阳明提出的重要思想，他认为知包含着行，行的过程中也在不断知晓，两者合二为一，相辅相成。这一思想打破了对“先知后行”“知而不行”的简单认识，为人的发展和素养的提升提供了重要策略。后来，“知行合一”思想受到我国著名的教育家陶行知先生的推崇。他在“知行合一”思想的基础上，结合杜威“教育即生长”的教育理念，提出了生活教育理论。该理论强调“生活即教育”“社会即学校”“教学做合一”。学生公民素养的提升，需要从实际生活出发，到生活环境中去践行。脱离生活、脱离社会的公民素养教育只会沦为空洞的说教，没有任何作用。

公民素养教育的核心在于“养成公民”而非“教成公民”。“养成公民”蕴含着“养成教育”的思想，即培养学生的公民习惯，尊重学生的主体性，而不是把学生当作没有思想的个体。在此过程中，不需要过多的说教，而要通过日常的教育教学对学生逐步熏陶，最终使其形成意识、能力和习惯。“知行合一，养成公民”的教育理念抓住了公民素养教育的关键，同时又把生活教育、养成教育的思想蕴含其中，具有深厚的哲学基础和传统文化根基。

三、教育愿景：育中华的世界人，做世界的中华星

“育中华的世界人”，简单来说就是培养具有国际意识的公民，能够与国际接轨。中华路小学通过公民素养教育，培养学生具备自主、自律、包容、参与的公民意识和公民能力，为他们在未来的学习和发展中奠定坚实的基础。同时，较高的素养也会使他们在国际舞台上发挥重要作用，成为合格的国际公民。

"做世界的中华星",即赓续中华民族优秀文化的脉,守住中华文化的根,传承中华文化的魂。因此,培养国际化的小公民只是教育的一个方面,还须让学生拥有中华民族的魂,成为世界舞台上耀眼的中华之星。此外,我们期望通过这样的教育,引导学生终身铭记自己在中华路小学获得的成长,为其走向国际奠定基础。

"育中华的世界人",是从教育者的角度出发的;"做世界的中华星",是从学生的角度而言的。二者相得益彰,成为每一个国人都需要为之努力奋斗的精神象征,富有象征意义,也极具有宣传力。

四、校训:关心天下事,做好身边事

"关心天下事"源于明代思想家顾宪成撰写的一副对联的下联:"家事国事天下事事事关心"。这对于当前学生过于以自我为中心,不愿去关心他人、社会、国家乃至世界有着极强的针对性,旨在纠正部分学生"两耳不闻窗外事,一心只读圣贤书"的偏颇态度,培养学生主动关注学校、社会和国家大事的意识和能力。同时,这一校训充满了哲理,与老子的"天下难事,必作于易;天下大事,必作于细"以及荀子的"能积微者速成"等思想相契合。关心天下事和做好身边事,是公民素养相辅相成的两个方面。只有心中有天下事,公民才能明确行动方向,从自己的行动中发现意义;只有做好身边事,公民才能够通过细节的积累实现更大的成功,彰显自我存在的价值。

"关心天下事,做好身边事"具体体现了知行合一的思想。它一方面强调中华路小学的师生应具备开阔的视野,了解世界、关注世界,做到境界高远;另一方面,不管目光多么高远,一定要能够落到实地,从身边简单的事情做起,以实际行动对他人、对社会产生有益的影响。知,要宽广;行,要踏实,知行方能真正合一。

五、校风:人人参与,各见其能

校风是学校由内而外展现出来的风气与风貌。"人人参与,各见其能"这一校风融合了公民素养的主要精髓。"人人参与"生动地体现了自主、平等、民主、责任等内涵，是每一个体主动、自发地参与；“各见其能”则更好地体现了公民素养中尊重、和谐、合作的内涵。每个生命体都有自己存在的价值与意义，都应该被尊重。让每个生命价值得到最大程度的彰显，为每个生命个体之间的对话和交流提供平台。

“人人参与，更见其能”的校风还遵循了教育教学的相关原则。第一，它体现了主体性原则，不管是班级事务还是学校的发展规划，都需要学生人人参与，让学生成为学校的小主人。第二，它还体现了差异性原则，虽然人人参与，但是人与人的能力是不同的，长处也是不同的，教师要善于发挥学生不同的长处和能力，使每一个人的潜能都得到发挥。第三，它体现了多元智能思想，每一个人的优势能力是不同的，要根据学生的优势能力，因势利导，因材施教，只有这样才会让学生得到最好的成长。

六、教风：潜心静气做教育，一言一行育真人

教风是教师在核心理念下所形成的教育教学的理念和风气。“潜心静气做教育，一言一行育真人”是中华路小学的教育者所追求的教育信念。所谓“潜心静气做教育”是指教师要培养高素质的小公民，需要先让自己静下心来，真正关注每一个学生的成长与发展。唯有潜心静气，教师才能够摒弃过于功利、喧嚣的教育思潮，真正把学生素养的提升看作教育的根本目标，为培养合格公民付出心血和汗水。所谓“一言一行育真人”，是指在公民素养教育过程中，教师要能够身正为范。榜样的力量是无穷的，而教师和家长对学生而言是“重要他人”，是学生成长过程中最好的榜样。只有榜样具有了公民的优良品性和基本素养，学生才会把拥有公民素养当作理所当然的事情。因此，在公民素养教育中，教师和家长不能仅靠说教，而要依靠自己的魅力和素养，依靠自己的一言一行。“育真人”出自著名教育家叶圣陶先生的“千教万教，教人求真；千学万学，学做真人”。中华路小学培育的就是“知行合一”的“真人”，而不是有知识、无能力，懂道理、无行动的“书呆子”。

七、学风:学习要明明白白,做事应踏踏实实

学风是在核心理念指导下学生应该养成的习惯和风气。“学习要明明白白,做事应踏踏实实”是知行合一的深入阐释,也是校训“关心天下事,做好身边事”的深化。王阳明有云:“知之真切笃实处,即是行,行之明觉精察处,即是知”“知是行的主意,行是知的功夫;知是行之始,行是知之成。”[①]做事明明白白,做事踏踏实实就是把如何由知而行、由行而知的道理落到实处。

① 转引自涂可国.社会文化导论[M].济南:山东人民出版社,2014:148.

第四节
文化引领　课程导向

随着新课程改革的不断深化，学校越来越重视内涵式发展，将学校文化作为促进学校发展的深层动力，以学校文化为基础构建学校课程体系。①课程是学校文化需要扎根的肥沃土壤，只有把根扎在课程与教学中，学校文化才算是真正落地生根，否则学校只是得到了“文化”的外壳而已，难以实现真正的内涵式发展。公民素养教育将以学校特色文化为引领，以课程建设为导向，不断践行和推进，从而实现教育目标。

一、构建公民素养的课程体系

为了实现公民素养教育的特色定位，学校需要形成全局性的顶层设计，并构建一个丰满的课程体系。构建以公民素养教育为导向的学校课程体系是一个复杂且包含多种要素的系统工程。一方面，要明确公民素养教育下所构建课程体系的本体概念。只有将本体概念界定了，公民素养教育下课程体系的范围才能确定下来。例如，将公民素养教育下的课程目标界定为“培养学生成为具有中华根基、国际视野的小公民”，从宏观上将学校的学科课程、综合课程、活动课程，乃至隐性课程都包含进来。同时，确定了公民素养教育所培养的核心素质，使公民素养教育的目标体系更加清晰明了。另一方面，整合课程

① 马延伟，马云鹏．课程改革与学校文化重建：一所学校的个案研究[J]．教育研究，2004(3)：62-66.

体系构建方式。改变传统的自上而下的课程体系建构方式，将自上而下与自下而上的课程体系构建方式有机结合，形成上下合力。所谓自下而上，即根据学校现有课程和课程理念对课程进行公民素养教育体系下的分类；所谓自上而下，就是在公民素养教育体系下规划应开设的课程。自下而上顺应了学校课程的历史性和现实性，自上而下则体现了学校公民素养教育课程体系的思想性和理想性。这二者之间的结合正体现了著名课程学者施瓦布所提出的“折中的艺术”(Eclecticism)。①

二、强化公民素养的特色课程

在进行整体课程构建之后，往往会面临这样一个现实的问题：学校课程有太多需要传授的内容，如果不加选择地全盘接受，可能导致学校课程体系过于庞大，反而容易使学校的公民素养教育课程变得杂乱无章。为了解决这一问题，凸显学校公民素养教育课程体系的方向，需要进一步强化特色课程，并将其作为学校重点建设的课程。在特色课程建设中，须把握公民素养教育课程理念的精髓，确保特色课程和学校公民素养教育的发展理念保持高度一致，它们是理念的直接体现，甚至是对理念的阐释。比如，中华路小学的公民知识和公民行动课程，就是公民素养最为直接的体现。此外，要注意特色课程应与学生的生活世界和年龄特征相结合。例如，中华路小学提倡公民知识课程，就编写了《公民知识》绘本，鼓励学生关注时事、阅读书籍、“参与新闻发布会”，等等。

三、做好公民素养的特色教学

与公民素养教育课程相比，公民素养教学更为具体，它离学生的距离更近。要做好公民素养教育课程建设，必须做好有特色的公民素养教学。公民素养教育下的特色教学，即有思想、有方向的教学。与课程一样，公民素养特色教学的建设也必须充分体现教育理念，让教育理念渗透到课堂的每一个角

① 张立昌.课程设计与评价[M].长春：东北师范大学出版社，2015:32.

落、每一个环节。要做到这一点，学校需要充分理解公民素养教育理念的精髓，紧紧围绕着这一精髓进行特色教学建设。例如，学校经过反复论证，认为“民主”是公民素养的核心，课堂教学必须以民主的方式来构建，让学生在民主的氛围中形成民主素养，自信而不自傲，宽容而不苟同，为将学生培养成为一个合格公民奠定良好的基础。当然，就公民素养教育下的特色教学而言，学校还需要通过大量的实践构建符合公民素养教育主题的特色教学内涵、原则和模式，使特色教学更加系统化、可操作化，从而让教师通过一堂堂具体的课程来渗透学校文化、体现学校理念。

四、开展公民素养的多元评价

公民素养教育区别于应试教育，强调对学生必备能力的培养，关注学生关键品格的养成，以满足学生的终身发展所需。因此，在开展公民素养教育下的课程评价工作时，必须摒弃传统的单一评价方式。评价的过程是对教育活动进行价值判断的过程，发挥着导向作用、诊断作用、服务作用。要使评价的功能得到充分、客观地发挥，须注意以下几点：第一，评价主体的多元。改变以教师为主体的评价方式，将家长、学生、社会等纳入评价的主体范围。第二，评价方式的多元。在评价过程中，将质性评价与量性评价结合，将形成性评价与终结性评价结合，从而寻找一个合理的结合点。公民素养的高低并不是通过考试或者测验就能准确评价的，因此在评价方式上要多元化，如采取活动性表现评价，即通过观察、记录和分析来评价学生在活动中的表现；展示性评价，即在活动展示中进行评价，这里的评价主体可以是教师、学生或者家长。只有从根本上改变传统的单一性评价方式，才能使学校的公民素养教育得到深远发展。

围绕公民素养教育和核心素养，学校所展开的课程整合，前所未有地增加了公民素养教育的宽度、厚度、深度。什么是公民素养教育的宽度？是从对知识的关注转向聚焦学生的公民素养，教育不再局限于课堂教学的狭小范围，达育论坛、传统节日、研学活动等都将成为教育的鲜活素材。什么是公民素养教育的厚度？是在公民素养教育下的课程整合中，从学生的实际生活出发，围绕

“老人摔倒扶与不扶”等现实问题，引导学生进行深度剖析和激烈辩论，挖掘平凡事中的教育价值与意义。什么是公民素养教育的深度？是从关注知识转向关注鲜活个体，关注个体终身发展所需素养的培养，从而让公民素养教育成为有温度的教育。

第三章

培育基础素养的课程统整

教育机会寓于课程之中。机会的多少和优劣视课程的品质而定。自2001年新课程改革以来,从政府到学校都在探索“好课程”之路,课程被视为教育改革和学校改革的“良方”。

中华路小学在秉承学校办学传统、提炼学校办学理念、彰显学校办学特色的基础上,深入把握时代发展脉络、展望未来社会需要,着眼于每一个学生的健康、持续、内涵式发展,进行公民素养教育课程统整的实践研究,为把学生培养成为具有中华根基和国际视野的现代合格公民奠定基础。

第一节
公民素养教育课程统整

近年来，在我国中小学教育中，国家课程、地方课程和校本课程都得到了不同程度的重视。这给学校教育带来了新的发展机遇，同时也带来了诸多挑战。三类课程的叠加使学校课程变得繁重而复杂，容易造成学校课程的混乱和低效。在这样的背景下，摆在教育者面前的一项重要任务就是要立足儿童成长，科学地将国家课程、地方课程和校本课程加以统整，构建一个有序而高效的学校课程结构。

《国家中长期教育改革与发展规划纲要（2010—2020年）》指出："加强公民意识教育，树立社会主义民主法治、自由平等、公平正义理念，培养社会主义合格公民。"2016年，《中国学生发展核心素养》研究成果正式发布，其明确指出，学生发展核心素养，是指学生应具备的、能够适应终身发展和社会发展需要的必备品格和关键能力。具体包括文化基础、自主发展、社会参与三个方面，综合表现为人文底蕴、科学精神、学会学习、健康生活、责任担当、实践创新六大素养。

这些政策文件是公民素养教育课程统整需要遵循的指南。同时，它们也提醒我们，评判课程的质量应该首先看课程是否关注学生，是否为学生提供必需的素养。学生的核心素养是整个学校课程的灵魂，统整学校课程规划和建设的各个要素。围绕核心素养，我们从调整课程结构、丰富课程内容、推进学科融合着手，深入进行公民素养教育课程统整的研究。

一、公民素养教育课程的目标体系

公民素养教育课程是以课程群的样态呈现的统整性课程，其目标体系包括总体目标和具体目标两个方面。

（一）总体目标

学校的公民素养教育课程的总体目标是围绕着现代公民所应具备的核心素养，渗透公民意识、发展公民素质、提升公民能力，为把学生培养成为具有中华根基和国际视野的现代合格公民奠定基础。

（二）具体目标

1.培养学生的人文素养

人文素养主要由向学生传播人文知识、培养人文精神、塑造人文行为三方面构成，其核心是帮助学生成“人”。人文素养教育以尊重学生的主体性为前提，以发掘学生最大潜能为目标，以培养学生正确处理个人与社会、他人之间关系的能力为目的，引导学生的行为朝着合乎道德、遵循规律、符合人类共同利益的方向发展。人文素养重在体现文化认知、语言表达、传承美德、国际视野。

2.培养学生的科学素养

科学素养是指公民在认识客观事物的过程中必须具备的科学知识、科学方法、科学精神和科学态度，以及人们对个人、社会、环境的责任心和价值观。它强调人们掌握科学的方法，具备探索创新精神，将科学与日常生活紧密联系，让科学实践成为生活的一部分，最终达到科学精神与人文精神交融贯通。科学素养重在体现科学态度、实践探索、灵活思维、创新能力。

3.培养学生的健康素养

健康素养是指个体具有获取、理解和处理基本健康信息的能力，并能运用这些信息做出正确判断和决策，以维持和促进健康。健康素养重在体现运动知识、运动意识、运动行为、身心健康。

4.培养学生的艺术素养

艺术素养是指个体通过接触、欣赏、鉴赏艺术作品后所获得的艺术底蕴，体现出个人基于艺术认知和艺术规律而建立的稳定的审美力和价值观，并能自觉地在生活中得到体现和迁移。艺术素养重在体现艺术感受、艺术想象、审美能力、创意表达。

二、公民素养教育课程的结构体系

公民素养教育课程结构体系（如图3-1所示）可以总结为“四群三类”。“四群”，即以“人文修心”为理念的语文与品德课程群，指向人文素养；以“数理益智”为理念的数学与科学课程群，指向科学素养；以“锻炼健体”为理念的体育与健康课程群，指向健康素养；以“艺工达美”为理念的艺术与生活课程群，指向艺术素养。“三类”，即核心课程、拓展课程和活动课程。在构建课程结构体系时，应坚持系统思考和分类思考相结合的原则，既从总体上进行顶层设计，又从四大课程群着眼进行分门别类的详细规划。

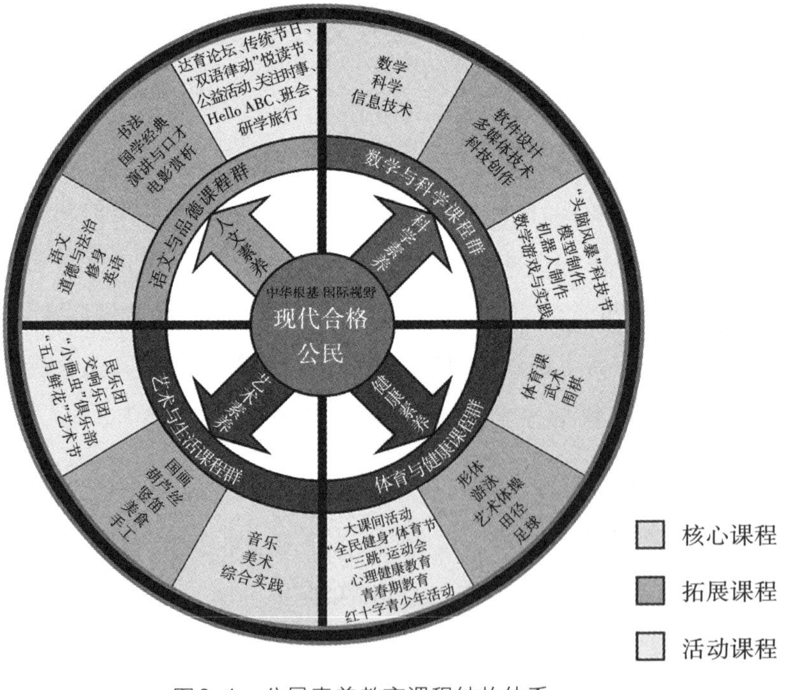

图3-1　公民素养教育课程结构体系

三、公民素养教育课程的实施体系

(一)课程实施原则

1.总体设计,分步推进

公民素养教育四大课程群既各自独立,又相互联系。在课程实施过程中,既坚持总体设计的思想,又结合不同课程类型分步推进。

2.目标导引,分群推进

公民素养教育四大课程群以学生身心发展特点为基础,分别确立指向公民核心素养的目标。课程实施以明确的目标为导向,确保实施效果能在动态过程中被不断监测与评估。同时,分群具体推进的策略,又观照到了不同课程样态的具体特点。

3.任务驱动,合众创新

公民素养教育课程实施坚持任务驱动原则,充分调动全员参与,尽可能发挥教师在课程实施中的主动性与创造性,以保证课程实施的有效推进。

(二)课程建构方式

基于对公民素养教育课程体系的深入分析,结合四大课程群和三大课程类型的具体特点,确立了拆分、整合、分层和创生的课程建构方式(如图3-2所示),以此推进课程实施。

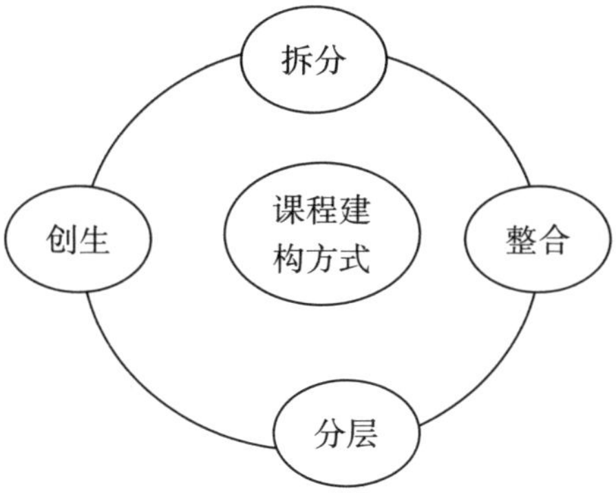

图3-2　公民素养教育课程建构方式

课程拆分就是将学科知识体系进行解构，将其分解为两个或多个部分。它强调不同学科门类之间的相对独立性和完整性，将具有相对固定知识结构的学科予以保留，并将能够与其他学科整合的知识内容重新开发，形成新的校本课程。课程拆分坚持以学科知识为基点，是学生简洁、有效地获取学科系统知识的重要途径。课程拆分是课程整合的基础，只有在拆分的基础上，才能实现更高水平的课程整合。

课程整合就是依据学生特点、学校环境特征及学习内容本身的特点，将知识和价值紧密相关的学科按照主题进行整合，即在原有分科课程的基础上，适当补充整合，将国家的分科课程进行校本化、生活化的整合。课程整合的目的在于减少学科课程内容的重叠与分化，凸显知识、技能与生活实际的联系及其价值。

课程分层是依据学科课程特点、课程内容特点和学生学习差异三个基本因素，兼顾学生自愿的原则，在同一教学时间内组织实施相同的教学内容，但采用不同的教学标准、教学方式、教学方法和教学策略的流动式、层次性学科教学活动。课程分层最大限度地让有着不同兴趣爱好、不同学习基础、不同学习能力的学生获得最适合自己的学习环境。

课程创生是指在课程实施过程中，教师根据实际情况与学生需求，在已有知识、经验、能力、技能、智慧的基础上整合既有课程，生成新课程的过程。真正适合学生的课程不是一成不变的、绝对的、权威的，而是在不断地探索与实践中形成帮助学生实现最优化发展的课程。

四、公民素养教育课程的创新型教学组织形式

教学组织形式是践行课程理念的重要保障。在公民素养教育课程体系下，学校探索了三大创新型教学组织形式：固定性教学灵活化、走班制教学常态化、拓展式教学过程化。

（一）固定性教学灵活化

固定性教学是指按照年级、班级进行固定编班的教学，这样的教学在教室配备、学习内容、学生规模、教学实施等方面都有鲜明的固化特点，表现出“规

制有余而活力不足”。公民素养教育课程体系的显著特点是以课程群统整课程,实现课程的灵活性、活力性。鉴于此,打破原先教学组织过分固定的模式,使教师、学生、课程内容等要素在一定范围内实现重组。

(二)走班制教学常态化

所谓“走班制”是指教室和教师固定,学生根据自己的兴趣和意愿选择班级上课。常态化下的走班制教学形式,既可以充分发挥教师教有所长的优势,为师生营造创造性的教学环境,又可以充分地调动学生学习的主动性和积极性。

(三)拓展式教学过程化

拓展课程是公民素养教育课程体系中三大类课程之一,开设拓展课程的目的一方面在于充分满足学生的学习兴趣,实现学生的个性发展;另一方面在于打破规定课程的限制,活化公民素养教育课程结构。拓展课程作为公民素养教育课程的有机组成部分,在与核心课程、活动课程的相互组合实施过程中,发挥了自身的独特优势。

五、公民素养教育课程评价体系

公民素养教育课程评价就是指通过实施四大课程群课程,衡量其是否达成了预期课程目标或达到了预期课程目标的何种程度,具体包括评价取向、评价过程和评价机制三大方面。

(一)评价取向

公民素养教育课程评价价值取向,即在公民素养的导向下,采取多元评价的方式,以实现学生的发展为根本目的。

1.素养导向

公民素养教育课程的最终目标是培养学生具备预期的公民素养。因此,课程评价要紧密围绕“素养导向”这一内核,通过监测、调适、反馈课程,不断推动课程实施的深化发展,这样更有利于学生公民素养的形成。

2.多元方式

鉴于公民素养教育四大课程群的属性和特点各不相同,因此在课程评价中我们坚持多元评价的价值取向,通过把不同评价方式的优势与不同课程的特点有机结合,共同促进课程评价的深化发展。

3.发展为本

公民素养教育课程评价的目的一方面是促进学生的发展,另一方面是促进学校课程建设的发展。坚持课程评价以发展为本的取向,推动课程的不断调适与改进,为使学生成为现代合格的小公民发挥指引作用。

(二)评价过程

公民素养教育课程评价是由“目标澄清—内容审查—动态监控—效果评估”四个环节构成(如图3-3所示)。目标澄清,即明确课程评价的目标与标准是什么;内容审查,即评价课程内容是否有助于学生公民素养的形成;动态监控,即在课程实施的过程中,持续监测可能出现的问题,以便后续改进;效果评估,就是要在课程实施一阶段后,对课程的效果进行测评,并将测评的结果作为下一阶段课程改进的重要依据。课程评价没有终点,是一个在循环中不断发展的过程,而优质课程是课程评价永恒的追求。

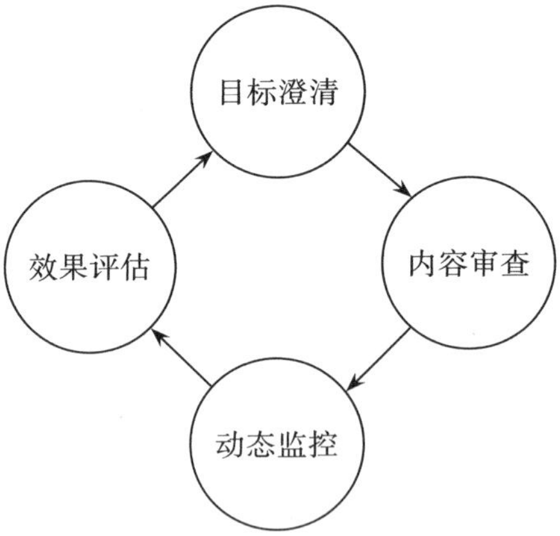

图3-3　公民素养教育课程评价过程

（三）评价机制

1.领导力提升——全员参与

有效的课程评价不可缺少切实可行的课程领导，课程领导的效能直接影响课程评价的效果。因此，在组织架构上，学校设立了公民素养教育课程建设指导委员会、专家咨询委员会，定期进行会谈研讨；在监管问责上，成立了公民素养教育课程建设督导委员会，对课程开发、实施、评价等各个环节进行监督；在实施反馈上，建立了反馈预警机制，对课程实施的每一环节进行及时反馈，从而确保运行实效。以提升领导力为依托，真正带动全体教师成为课程评价的参与者，让教师真正成为课程改革的践行者与推动者。

2.学习力生长——多面发展

公民素养教育课程聚焦于培养具有中华根基和国际视野的现代合格公民。因此，作为学校培养对象的学生，首先是作为自然个体而存在，之后才面向社会发展，教育的目标是促使学生由自然人向社会人过渡。这就要求评价者一方面要着眼于评价对象的动态发展性，另一方面要着力提升评价者和评价对象的学习力。在课程评价的过程中，既要促进课程本身的发展，也要促进评价者和评价对象学习力的提升。

3.文化力创新——精神指引

营造良好、和谐的课程评价文化氛围，就是要将立足当前与着眼长远相结合、过程评价与结果评价相结合、问题评价与成绩评价相结合。课程评价并不是一蹴而就的，而是在评价中不断创新与发展评价文化，并反作用于课程评价实践。

六、公民素养教育课程的保障机制

（一）组织保障

强有力的组织领导是调动各种积极因素的有力保障。因此，成立公民素养教育课程建设领导小组，总体负责规划、部署、协调课程建设工作，并依托四大课程群，分别成立四大课程群建设小组，具体进行相应课程的建设。

（二）资源保障

公民素养教育课程的建设需要充足的人力和物力资源。一方面，通过多种形式的培训提高教师的课程建设能力；另一方面，建立公民素养教育课程资源库，通过这两种路径构建公民素养教育课程资源保障体系。

（三）经费保障

课程建设需要一定的经费支持。为此，学校从发展经费中划拨专项经费用于支持公民素养教育课程建设。这既是课程建设之必需，也是科研强校之必然选择。

第二节
人文修心
——语文与品德课程群实践与探索

一、基本理念

语文与品德课程群是以语文、英语、修身和道德与法治为核心的课程群。本课程群以“人文修心”为基本理念，充分发挥课程的工具性与人文性，帮助学生学习语言文字运用技巧，形成良好品德，实现社会性发展，培养现代社会合格公民必备的品德素养。

二、建设思路

语文与品德课程群从“大语文”的视角出发，构建广义上的中外语言课程体系，而不是仅仅指狭义的汉语言课程。语文类课程蕴含的人文性、思想性，与品德类课程有着内在的一致性和融通性，对从小培养学生的良好品德起着很重要的作用。语文与品德课程群的整合更利于发展学生“社会责任、国家认同、国际理解、人文底蕴”等方面的核心素养，如图3-4所示。

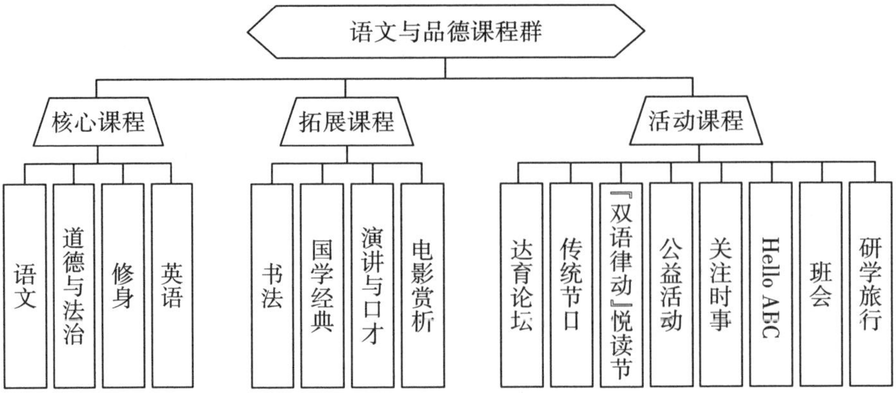

图3-4　语文与品德课程群建设思路

三、课程群目标

（一）总体目标

语文与品德课程群通过“语文导引，活动践行，德性培养”的方式，培养学生接受中华优秀传统文化的精髓，引导学生关注世界多元文化的差异，帮助学生积累语言、培养语感、发展思维，形成基本的社会主义道德观、价值观，以及初步的道德判断能力和良好的行为习惯，从而为学生成长为具备现代社会生活能力，能积极参与现代社会生活并推动社会发展的社会主义合格公民奠定基础。

（二）具体目标

1.学习做人

引导学生参与并享受自信、愉快、有尊严的生活，丰富学生的社会生活经验，提升学生认识社会、适应社会、参与社会的能力。同时，培养学生乐于探究、热爱生活的品质，为他们成为具有良好行为习惯和个性品质，能够推动社会进步的社会主义合格公民奠定基础。

2.学习语言文字运用

激发和培养学生学习语言文字的兴趣，帮助学生树立自信心，养成良好的学习习惯，形成有效的学习策略，发展自主学习的能力和合作精神。使学生掌握一定的语言文字基础知识和听、说、读、写技能，形成一定的综合语言运用能力，培养学生的观察、记忆、思维、想象能力和创新精神。

3. 学习尊重文化差异

激发和培育学生热爱祖国语言文化的思想感情，使其接受中华优秀传统文化的熏陶，了解并尊重中西方文化的差异。拓展学生的视野，培养其爱国主义精神，使学生形成健康的世界观、人生观和价值观，并促进自身精神成长。

四、实践探索

（一）开展“大语文”教研

语文与品德课程群从“大语文”的视角出发，构建了广义上的中外语言课程体系。担任语文和英语课程的教师不仅有独立的学科研究，还可以协同开展课程研究。

1. 学科教学中西贯通

学校公民素养教育课程体系要培养具有“中华根基，国际视野”的现代社会合格公民，语文与品德课程群的教学要中西贯通，既激发学生接受中华优秀传统文化的精华，又引导学生关注世界多元文化的差异。

例如，原人教版三年级上册语文教材第31课《给予树》中“圣诞节”“给予树”“援助中心”等词语涉及西方节日文化，语文教师引导学生结合生活经验及教材后的资料袋理解词语，感知故事及文化背景。英语教师在课堂中围绕“圣诞节”这一主题，以故事搭台，在情境辅助中进行相关词汇教学，让学生尽可能在真实的语境与趣味活动中经历学习过程。教师们的协同教学，引领学生尊重多样文化。

又如，部编版四年级上册语文教材第14课《普罗米修斯》选自古希腊神话故事，语文教师在教学中引导学生将古希腊神话与三年级学习过的中国神话作对比，感知它们对人物塑造的异同点。同时，英语教师会在同年级的教学中，带领学生诵读同名英文著作片段，帮助学生通过对比感受文化的差异与交汇，培养学生的研究意识，帮助他们汲取人类优秀文化的营养。

2. 实践活动相辅相成

每年三月的“英语周”与四月的“书香节”，教师们通力合作，有序地开展英语与语文课程的综合性实践活动。在“英语周”，语文教师指导学生用汉语编写课本剧脚本，再由英语教师指导学生将对白译成英文，最后由教师们共同指导学生学习表演、设计道具、创新舞美等。例如，五年级学生创编的《武松打虎》改编自语文教材中的《景阳冈》一课。当古典名著演变为英语课本剧，在中华优秀传统文化中注入了时尚、活泼的西方脱口秀元素，让学生深入故事、体验生活，拓宽了使用外语思维的空间，创设了灵活使用英语的氛围，培养了综合运用双语的能力，激发了学生参与多元文化交流的热情。

在“书香节”，学校给学生推荐的阅读书目中有英文读物。低段学生读浅显易懂的英文绘本，中段学生读简短的英文小故事，高段学生则尝试自主阅读中英文互译的小说。教师们参与学生系列英文读物的阅读指导，丰富了“书香节”的文化内涵和人文积淀，引导学生以更为开放的心态去读生活、读世界。

（二）创生特色课程

1.《修身》校本教材的编写与实践

修身课程是语文与品德课程群创生的德育类课程，被纳入学校“公民素养教育”德育主题序列，落实社会主义核心价值观的培育，融入中华传统节日文化，培养“懂礼仪、会合作、知感恩、讲诚信、乐公益、观时政”的小公民。《修身》教材直指学校“公民素养教育”核心理念，其素材源于学校师生的生活，内容图文并茂，是语文与品德课程群重点攻关的校本教材。

《修身》校本教材的编写团队由学校八位中青年骨干教师组成，他们中有参与国标教材《道德与法治》的编写者，有重庆市“十佳班主任”、重庆市及渝中区“十佳少先队辅导员”、渝中区“十佳师德标兵”、渝中区“优秀德育工作者”等荣誉称号获得者，有全国、市、区道德与法治学科教学竞赛一等奖获得者。通过近三年的教材编写、试教，教师们不断吸纳最先进的德育理念，创设系列德育品牌活动，几易其稿，有力地补充了现行的《道德与法治》国标教材，使学校的德育教学更具“公民素养教育”的校本特色。

2.《国学经典》校本教材的编写与实践

优秀的古典诗文意义深远，积淀了中国人传统的思想、情感、审美和智慧。2016年，学校开办了“国学经典”课程，旨在增强学生对中华优秀传统文化的认同感，提升学生思想文化素养和道德品质，进而形成与民族、与国家、与世界相适应、相促进的价值观念和目标追求，把优秀的民族传统文化植根在学生心中。

语文与品德课程群开发了相关的校本教材，主要选取最具代表性的国学经典篇目，如《三字经》《弟子规》《成语典故》《经典诗词选集》《论语》《大学》《中庸》《孟子》。教材的选编不是简单照搬，而是在充分结合学校德育年段主题的基础上所做出的理性选择。如，一年级的德育主题是“懂礼仪”，所选编的文段就紧扣“礼仪”一词；四年级选编的古诗词，紧扣“讲诚信”的主题。这样的结合不仅独具学校特色，而且符合学生的年龄特点和世界观、人生观、价值观形成规律，从而能更好地传承国学文化，达成公民素养教育的目标。

此外，读写结合也是《国学经典》校本教材的一大特色。《国学经典》不仅是诵读教材，同时也是精美的字帖，实现了晨诵与午书有机结合。它不仅传递文学精髓，还蕴含着美学智慧、哲学思想，以及中华民族的优雅情怀。用优秀的传统文化资源充实课程，无疑是给了学生一把开启心智的钥匙。

3.实施读书分享活动课程

童年是儿童阅读的黄金时期，在这个阶段，应着力培养儿童阅读整本书并逐步走向深度阅读的习惯。让书香浸润童年，是语文与品德课程群创生读书分享活动的初衷。

读书分享活动以课外阅读指导为核心，各班师生在每周一课时共读一本书，围绕学生最感兴趣的话题互动讨论，并以趣味写话、制作阅读卡、写书评等符合学生年龄特征的形式，记录阅读与思辨的痕迹。书目源于学生的视域，话题贴近学生的认知，评价尊重学生的个性，这样的课程深受学生喜爱。

例如，一年级师生共读经典绘本《我爸爸》，教师抓住绘本中重复出现的“我爸爸像什么，怎么样”的句式，引导学生用动物和事物来描写爸爸的特点。一个6岁男孩这样写——

"我爸爸的大脑像一台灵活的电脑,下棋时经常赢我。"

"我爸爸像万能的维修工,什么东西坏了,他都能修得好。"

"我爸爸像蜗牛一样慢,也像猴子一样急。他像发怒的老虎一样凶,也像牛一样倔强。"

从字里行间,我们能感受到这个男孩真情流露的原始表达。再如,师生坚持共读《史记》,在文言文与现代文的对比阅读中,学生不仅感受了古典著作的巨人魅力,也积累了文言常识,更学习了以古鉴今的方法。正是创生了读书分享活动这一课程,才为每一个学生提供了更活跃、更开阔的语文实践平台。

(三)创新教学形式

1.达育论坛

为引导学生真正"关心天下事,做好身边事",语文与品德课程群面向高段学生开设了"达育论坛",并将论坛的策划、组织、实施等权力交给学生,让他们成为论坛真正的主人。

学校每学期举办一至两次论坛,让学生关注时政,积极参与,自己找热点,自己当主持,自己制作PPT,自己写辩论稿。尤其是自由辩论时间,学生争先恐后,畅所欲言。通过达育论坛,学生关注时事并通过广泛的社会调查,树立正确的世界观、人生观、价值观。将社会热点作为论坛主题,感受中华传统文化与西方思想文化的交汇碰撞,学生通过查、写、论、听、思、行培养了公民素养。

2."Hello ABC"主题活动

围绕各年级"英语周"主题文化,语文与品德课程群分年级开展了"Hello ABC"主题活动。教师们创建教材之外的适合小学生英语学习的内容,根据小学生的年龄特点,以培养英语兴趣为重点,以体现学校办学特色为结合点,以将英语文化融进学生生活为提升点。各年级都有不同的英语学习主题,每个主题分为文化引路、自主实践、合作实践、评价分享四个阶段组织教学。

一年级

①选用《丽声瑞格叔叔自然拼读读物》第一册为主要教材。

②帮助学生认识并熟悉26个英文字母的自然拼读发音，特别是5个元音字母的短音。

二年级

①选用《丽声瑞格叔叔自然拼读读物》第二册为主要教材。

②帮助学生熟悉并掌握单音节词的拼读。

三年级

①与语文课程整合，选用外研社《丽声拼读故事会》第三级中的2个故事，每次一页，引导学生滚动阅读故事。

②选取*MOTHER GOOSE*中的4—5首短诗，作为期末口试考核材料，帮助学生运用自然拼读法学习，同时考核成绩作为下学期“英语周”比赛的选拔标准。

四年级

①与语文课程整合，第一学月每堂课专设5分钟故事时间，采用自然拼读法，引导学生表演课本剧。

②第二学月每周一课时，指导学生排演课本剧。

③第三、四学月，以课本剧表演作为期末口试考核内容，每课时可安排一组学生表演。

④第五学月鼓励学生自学其他英文经典儿童短剧并表演。

⑤结合规定剧目和自选剧目，选拔下学期“英语周”比赛人选。

五年级

①与修身、道德与法治课程整合，根据本学期的教学内容或者节假日，开发与之相适应的节日文化体验课程。

②上学期可以万圣节、西方用餐礼仪等为课程主题。

六年级

①五年级暑假鼓励学生自学一首喜爱的英文歌曲。

②与班队主题活动课程整合，前四个学月，每堂课请一名或一组（4人以内）学生表演自选英文歌曲。以教师10分、学生每人1分为标准给每名（组）学生评分。分数记录在班级排行榜上，表演成绩同时作为期末口试成绩。

③第五学月，2个课时(调整至一起)从排行榜前10名里选出前三名作为下学期“英语周”比赛人选。

“Hello ABC”主题活动基于“教材知识+能力拓展”的课程模式，培养学生英语学习兴趣，增强英语学习的积极性和自信心，使学生初步形成综合语言运用能力，促进心智发展，提高综合人文素养。

3. 构建活动习作序列

活动是教育的载体，小学道德与法治课程是一门活动型课程，它以儿童直接参与的丰富多彩的活动为主要教学形式，寓教于活动中。同时，以活动激发学生的表达欲望和习作兴趣，丰富习作素材，也是小学习作教学的一条极其有效的途径。可见，关注儿童生活、引导儿童成长，让他们学会做人、学会作文，实际上是品德教育与习作教学的共同目标。

语文与品德课程群构建活动习作序列，以道德与法治课程的活动为载体，构建具有公民素养教育特色的习作序列(如表3-1所示)。

表3-1 具有公民素养教育特色的习作序列表

年级	活动主题	品德活动课	习作课
三年级上册	我学会了	通过每个学生的特长、技能展示，引导学生体味学习给自己带来的乐趣，为自己的进步感到高兴	记录学习某项特长或技能的过程，且能有顺序地表达
	规则在哪里	组织开展一至两名学生比较熟悉的游戏，让他们在游戏中寻找规则，感受规则带来的快乐	记录游戏的过程，注意描写人物的动作或感受
三年级下册	读懂爸爸妈妈的心	采访爸爸、妈妈，问问他们的愿望、苦恼和爱好，并把采访的结果填在表格中。比较爸爸、妈妈愿望的共同点，议一议自己发现了什么	写写自己的爸爸或妈妈，介绍他(她)的外貌，以及他(她)的愿望、苦恼和爱好
	不一样的你我他	让学生在同一个圆上分别作画，鼓励大胆想象。全班展示画作时，要让学生说说自己的创作过程，引导学生感受不同的人对同一事物不同的看法和表达	记录自己的绘画过程，重点写清楚自己对画作的构思

这样的活动习作序列，将“人”与“文”有机统一起来，把促进学生学会做人和提高语言表达能力统一起来，将学生的交流、互动、体验和文字表达结合起来，通过活动丰富学生的习作素材，通过习作了解学生的内心想法，实现语文与品德课程群的有效整合。

五、成效与反思

语文与品德课程群教师队伍是学校四大课程群中人数最多的团队。为了充分调动每位教师参与课程建设的能动性，我们立足于课程群的整体发展，根据每位教师现具备的课程建设力，赋予每位教师课程研究任务，尽量做到不重复、不交叉，努力引领每位教师在课程建设中找到自己的坐标。

因为有了教师的专业发展，课程群的建设也就拥有着生生不息的活力。语文与品德课程群不仅在课程的内容上进行广泛而又有亲缘性的综合，以更好地发挥人文课程的相互启示作用，还积极围绕一个专题，吸纳各类文化要素，在课程资源上进行文化层面的综合，真正追寻着人文精神开放、包容的本色。

“走进通远门”是语文与品德课程群创生的综合性校本课程。重庆有17座古城门，通远门是迄今保存最完整的一座，离校园仅几百米距离。在开发这一课程时，我们在课程资源上进行了与其他三大课程群和各类文化的综合，有估量、测算城门高度的数学文化，有追寻渝中母城旧貌的历史文化，有研究古城门“九开八闭”建筑特色的地理文化，有欣赏城门上下浮雕与圆雕相辅相成的美术文化……当语文与品德课程群用更宽广的胸怀拥抱其他文化要素的时候，必定会给予学生一个丰富的文化视域，而公民素养教育课程统整也在这种吸纳中完成着自身的超越。

第三节

数理益智

——数学与科学课程群实践与探索

一、基本理念

数学与科学课程群是以数学、科学和信息技术为基础的课程群，以“数理益智”为基本理念，重视探究和实践，关注学生学习方式的转变，力求在知识的抽象性和学生思维的形象性之间架起一座桥梁，促进学生思维发展，形成现代社会公民须具备的科学素养。

二、建设思路

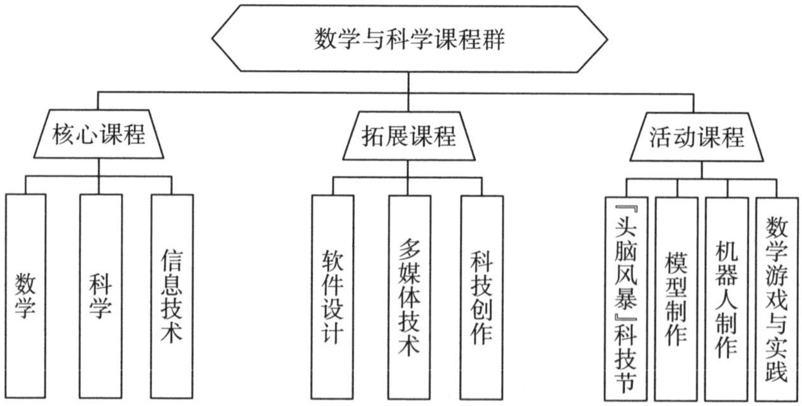

图3-5　数学与科学课程群建设思路

三、课程群目标

(一)总体目标

数学与科学课程群通过“合作探究、应用创新”,帮助学生获得数理逻辑学科的基础知识,经历科学研究的基本过程并掌握一般方法,激发学生对数理学科的学习兴趣,提升学生的抽象思维、推理能力、实践能力和创新精神,养成实事求是的科学态度。

(二)具体目标

1. 学会探究与实践。帮助学生在实践过程中开阔视野、开拓思路,不断丰富感知表象,提高动手实践能力。培养学生的探究兴趣,学习、积累探究问题的方法,并将科学精神融入其他学科学习和日常生活中。

2. 提升思维品质。“数理益智”中的“智”,即开发智力、增长智慧、促进思维发展。数学与科学课程群着重提升学生数理逻辑学科的思维品质,如逻辑推理、抽象思维等。

3. 发展应用、创新能力。在应用中提高学生的动手实践能力,深化对学科知识内涵的理解,加强学科知识与生活的联系,培养学生的创新意识和创新能力。

四、实践探索

为更好地实现数学与科学课程群中学科内和学科间的相互关系,更加有效地达成课程群的目标,我们依托拆分、整合、分层和创生来实现课程统整,并积极开展探索实践。

(一)因地制宜,整合资源

科学学科的国标教材受地域、学生差异的限制,在使用过程中师生认为编排内容、呈现方式都有待调整。为更好地提升学生的科学素养,使教材内容更加与时俱进,我们结合学生心理特征和兴趣爱好,科学地对各年段的教学目标进行了拆分:三四年级以开展科学兴趣的启蒙活动为重点,五六年级以开展科学探究学习活动为重点。

具体调整是:城市学生接触土壤的机会非常少,所以三年级将土壤单元调整为1课时,略讲,同时结合三年级重点培养学生的观察能力的教学目标,充分利用学校金鱼缸、鸟趣园等资源,增设了金鱼、小鸟的养育观察记录。

现代信息科技发展日新月异,微信、QQ和电子邮件等已经是主流的信息传递手段,所以我们把教材中关于书信、电报、电话的内容删掉,将课时也由6课时调整为4课时。此外,各个年级的教学内容都结合家乡重庆"桥都"的特色增设以下内容:三年级学生收集各种桥的文字和图片资料,从观察的角度去认识家乡的桥,同时科技节上开展桥的知识竞赛;四年级学生在收集资料和认识桥的基础上,结合科技节的动手画桥活动,用画笔在纸上绘制出心目中的桥;五年级学生用各种材料搭建桥,在动脑动手的过程中,提高科学素养。

因为重庆的地理环境,多雾,能见度低,不便于学生开展课后观测星象等活动,所以我们将六年级"宇宙"单元的内容进行删减,同时以赛促练,结合静态下的木质桥梁设计制作比赛进行全员培训,增强学生的动手能力和想象力、创造力。经过大家的努力,学校在2010年的桥梁模型比赛中拿下了多个一等奖。

根据学生的年龄特点,我们拆分了信息技术学科三至六年级的部分基础操作教学内容,下放部分内容到一二年级,并编写了一二年级的信息技术校本教材。随着高年级教学内容的下放,根据学生的思维特点和教材的实用性,在五、六年级增加了多媒体和软件制作的内容。通过这样的调整,希望更好地帮助学生掌握信息技术基本知识和技能,为把信息技术作为支持学生终身学习的手段打下基础。

例如,信息技术课上,教师在教授Word自选图形知识点时,可利用Word中自带的立方体和图形本身之间的层次关系,让学生搭建图形积木,认知空间关系,培养学生的空间想象能力,从而发展其数学思维,如图3-6所示。

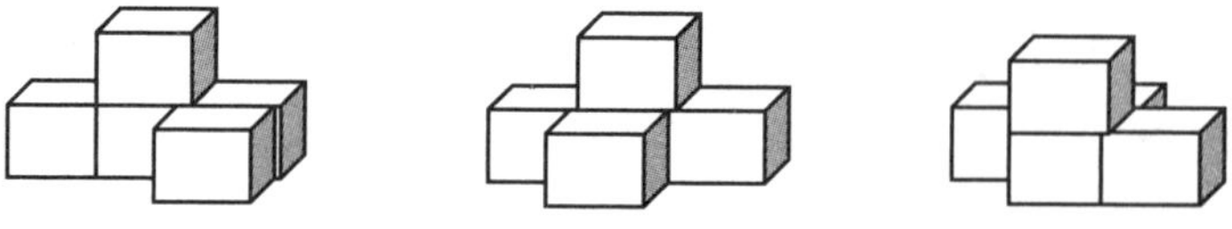

图3-6　利用几何图形认知空间关系

又如，教师在教授PowerPoint知识过程中，可让学生先收集环境保护的数据，再结合数学的统计知识，在PowerPoint中生成不同的统计图，用数据和图形分析目前的环保情况，并用TED形式的演讲汇报自己的研究结果。整个过程不仅让学生结合统计与概率的知识经历了收集数据的过程，而且让学生利用信息技术手段来整理数据、分析数据，有机地将两门数理学科的知识、技能进行综合运用，从而提升了学生分析问题、解决问题的能力，培养学生学会学习、勇于探究。

（二）以学定教，分层走班

为了让不同学习基础、不同学习能力的学生获得与自己最相适宜的学习环境，让每一个学生在学习中得到不同的发展和收获，数学学科在五、六年级选择了数学广角的教学内容，并尝试进行了分层走班教学活动。

分层教学注重了学生的分层、备课的分层、评价的分层。

1.学生的分层

任课教师精心制作了分层教学的报名表，学生自主选择上课层级，然后教师再根据平时表现、智力因素、学科基础等，把学生分别编排在潜力班、提高班和拓展班。这样打破了固定教室和固定学生的班级授课方式，采取学生自主选择学习目标和教师团队综合判断相结合的班级选择形式，切实做好因材施教。

2.备课的分层

面对不同的授课班级、不同层次的学生，显然统一的教学设计已经不再适用，教师们在备课时须根据不同层次学生的实际情况重新备课，重新确定教学目标，重组教学结构，重新设计课后练习。年级组的教师常常聚在一起开教研会，讨论课上、课后的练习该怎样分层设计，学生走班上完课之后又该怎样解决培优补差等问题，希望分层走班不是流于形式，而是真正做到有的放矢。

3.评价的分层

学校对不同层次的学生采取了不同的评价方式。对潜力班的学生采用表扬性评价，寻找其闪光点，及时肯定他们的点滴进步，调动他们学习的积极性。对提高班的学生采用激励性评价，既肯定他们的进步又指明努力的方向，促使他们积极向上。对于拓展班的学生采用竞争性评价，高标准、严要求，鼓励他们谦虚谨慎，不断超越自己。针对性评价有效地激励了各个层次的学生靠近最近发展区，促使每一个学生在学习中不断进步、收获。

让数学与科学思维水平相近的孩子一起探究学习，并为他们制订相适应的教学目标和教学手段，促使每一个层次的学生的数学与科学素养得到实实在在地发展。

（三）顺应需要，创生课程

从学生发展的需要出发，我们对教材内容进行整合、优化和加工，并注重对实施方式与实施途径进行创新，以服务于学生培养核心素养的需要。数学学科创生的校本教材《小学数学游戏与实践活动》，以“盘活教材、丰富感知、发展思维、培养兴趣”为目标，以数学的四大领域“数与代数”“图形与几何”“统计与概率”“综合与实践”为基础进行整合划分，凸显校本教材的板块化、序列化，如表3-2所示。

表3-2　四年级上册“数学游戏与实践活动”内容安排

板块	次数	课题	教学内容	能力、思想方法
数与代数	1	数的文化故事	1.了解数的发展的相关文化。 2.游戏：摸数比较大小	推理、比较、数学文化
	2	巧填版式	经历探究用5个装置组成三位数乘两位数的乘法算式的过程，掌握写出乘积最大、最小的算式的方法	比较能力、概括能力
	3	试商“小窍门”	掌握试商的“小窍门”：四舍商大下调1，五入商小上调1，同头无除商8、9，除数折半商4、5，倍数不估直接商	运算能力
图形与几何	1	感受较大的面积单位	通过实际观察与推算，感知1公顷、1平方千米的大小	观察、推理、空间想象

续表

板块	次数	课题	教学内容	能力、思想方法
图形与几何	2	巧数图形	1.有序地数清图形中的角。 2.分析证明对顶角相等	数形结合的思想、符号化思想、推理能力
	3	生活中的垂直与平行	利用垂直与平行的知识解决生活中的实际问题	动手操作、解决问题的能力
	4	图形变变变	通过剪一剪、拼一拼,进一步熟悉梯形、平行四边形的特征	转化、想象
统计与概率	1	条形统计图	1.调查班上同学的上学方式,让学生经历收集数据—分析数据的过程。 2.与信息技术学科结合,学习利用电脑制作条形统计图	合作意识、创新精神
综合与实践	1	1亿有多大?	通过收集信息、操作实验、讨论交流等活动,引导学生在具体情境中体验1亿的大小,感受数学与现实生活的密切联系	培养数感、领悟"由局部推算出整体"的研究方法
	2	神奇的莫比乌斯带	在动手做的过程中,经历"猜想—验证—结论"的过程	动手操作、归纳概括

具体的每一课时按"分享提示""活动记录""互评自评""反思收获"四个板块为基础结构进行编写。以四年级"感知较大的面积单位"一课为例(如图3-7所示),本节课是四年级"图形与几何"板块的内容。首先,在"分享提示"中以师生谈话的形式介绍了实践活动的内容。其次,在"活动记录"中以表格的形式展现了实践活动的流程,明确了活动的要求以及探究的细节和推导过程。再次,在"互评自评"中提出了评价的方向,同时也引导学生更加有效地进行探究活动。最后,在"反思收获"中,学生可以在方框内记录下活动后收获的知识、活动经验、思想方法和体验感受。

图形与几何

感知较大的面积单位

分享提示

同学们，回忆一下：我们学习了哪些面积单位？它们的进率是多少？

平方厘米、平方分米、平方米、(　　)、(　　)

今天我们一起来感受较大的面积单位，你们准备好了吗？按小组带着准备好的工具到操场进行测量，把测量的数据和分析结果认真地填在表格里，做好全班交流的准备。

活动记录

工具		
活动一：感受1公顷	小组合作，量出边长是10米的正方形。	算算它的面积：
		看看它的面积有多大
		推算：(　　)块这么大的正方形的面积是1公顷
活动二：感受1平方千米	小组合作，量出学校的操场长(　　)米，宽(　　)米。	算算操场的面积：
		操场面积够不够1公顷？
		估一估：大约(　　)个操场面积是1平方千米。

互评自评

给自己的表现涂上☆

方法适当☆☆☆　　结果准确☆☆☆

和同伴分工合作☆☆☆

敢于表达自己的想法☆☆☆

____

反思收获

今天的测量推算活动，你有什么感受？你能借助身边熟悉的其他物体的面积来表示1公顷、1平方千米的大小吗？

____

____

____

图3-7　四年级"感知较大的面积单位"课例

《小学数学游戏与实践活动》填补了国标教材的空白，尝试改变学科课程知识本位的现象，丰富课程内容，提升学生兴趣，为更好地培养数学核心素养服务。例如，三年级开展的"千米的步行体验"，活动前积累策划行走路线的经验，化繁为简，从体验100米行走的时间和步数开始，推算行走1000米的时间。在活动中学生自觉测量时间、步数，综合运用所学知识进行估算，体验感受1000米的实际长度。活动后，师生一起分享步行中的感受和收获，分析了估算时间与实际用时产生差异的原因，并对所学的长度单位进行了系统梳理，体会它们之间的联系，感受它们的运用。这样的校本课程顺应了学生的学习心理，点燃了学生的探究热情，在交流中碰撞出数学思维的火花，使数学学习变得有趣、多元、灵动。

同时，数学游戏与实践活动还可利用寒暑假拓展到课外。各年级的学生开展"主题式"数学研究。例如以"旅行中的数学"为主题，让学生通过上网等方式设计家庭出行方案，制作旅行攻略，了解如何预订机票、车票，安排住宿，并制订旅行费用计划；记录下旅行中购买景区景点门票中的数学问题，调查各种交通工具的速度，运用所学的行程问题解决方法解决旅行中的相关问题；利用学过的平方千米、公顷等面积单位和几何图形的知识，调查旅行地或感兴趣的各种建筑、城市的面积，了解建筑中各种图形的运用。在这个过程中，让学生发现问题、提出问题、分析问题、解决问题，运用所学的知识和方法解决现实生活中的问题，培养他们敏锐的数学眼光和实践能力，培养学生创新求真意识和质疑精神，为更好地达成课程群总目标“数理益智”服务。

校本教材《小学数学游戏与实践活动》力求体现四个创新点：

1. 盘活教材：以教材内容为基础，扩展教材内容的广度，挖掘教材内容的深度，保证校本教材的序列性。

2. 体验性：注重学生自主参与，重视培养学生积极动脑、动手、动口的能力，同时关注学生在活动中的体验感受、反思评价、经验积累。

3. 思维性：让学生在玩游戏中不仅能学到数学知识，掌握数学方法，领悟数学思想，还特别注重能锻炼学生的观察、推理、归纳等思维能力，提升学生的思维品质。

4. 综合性：注重数学与生活实际的联系，注重数学内部知识的综合运用，注重数学与其他学科的整合。

五、成效与反思

回顾课程统整历程，我们欣喜地看到了学生对数理学科的学习兴趣日益浓厚，且在各类活动中表现出的科学素养、思维品质得到了大家的认可。参与课程统整的教师在研究的过程中学习理论、实践探索、反思总结，提高了课程整合的能力，促进了专业发展。同时，我们反思前期的课程改革，如何更好地对课程群的课程进行深入有效地整合，校本教材的开发如何进行完善和提升等，这些问题有待我们进一步思考和研究。我们将秉承开拓创新的精神，更加坚定地行走在课程改革的路上。

第四节

锻炼健体

——体育与健康课程群实践与探索

一、基本理念

体育与健康课程群，以“锻炼健体”为基本理念，旨在培养学生在体育和健康方面的素质修养。世界卫生组织提出：“健康不仅是没有疾病，而且还包括躯体健康、心理健康、社会适应良好和道德健康。”

体育与健康课程群强调实践性，突出学生学习的主体地位，以身体动作练习为主要手段，以学习体育与健康知识理念、技能方法为主要内容，以增进学生体质健康、增强体育意识、提升体育品质为主要目的，帮助学生养成终身锻炼的习惯，为学生成为具有健康体魄、健康心理、良好社会适应能力和道德品质的公民奠定基础。

二、建设思路

在学校公民素养教育理念指导下，围绕学生健康素养，挖掘体育与健康课程的文化内涵，根据学生成长需要，结合学校师资、场地等实际情况，开设以下三类课程，如图3-8所示。

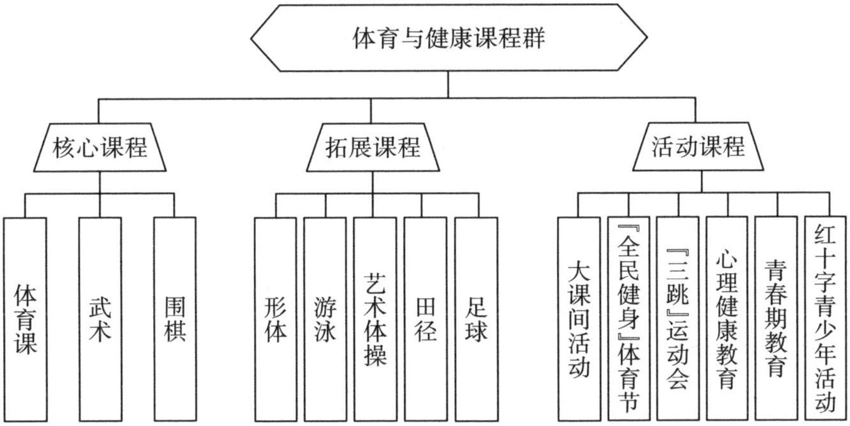

图3-8 体育与健康课程群建设思路

三、课程目标

(一)总体目标

以“运动参与，身心健康”为总体目标，学习掌握卫生知识和锻炼知识，养成良好的卫生习惯；体验运动带来的身心愉悦，激发学生参与运动的兴趣，欣赏体育运动的美感，感受体育运动的魅力；通过运动参与和体验，养成终身锻炼的习惯，学习并掌握一至两项运动技能，培养规则意识，锻炼意志品质，增强团队合作交流能力，培养良好的身体素质和心理素质。

(二)具体目标

1. 核心课程是学生健康素养养成的最重要途径。武术课让学生了解武术的起源和发展，学习基本动作和套路，提升其精气神，传承与弘扬中华优秀传统文化。围棋课让学生学习棋史、棋品、棋道、兵法等内容，培养学生的思维能力和抗挫能力。

2. 拓展课程在完成国家课程基础上，尊重学生意愿和兴趣，发挥学生特长，将选择课程的权利还给学生，发挥形体、游泳、艺术体操、田径和足球等项目特殊的育人作用，为学生个性化发展提供可能。

3. 活动课程是在核心课程、拓展课程基础上的提高与综合运用，旨在帮助学生了解体育文化，培养良好心理品质和终身锻炼意识，展示体育才能，畅享体育乐趣。

四、实践探索

在不断学习实践的过程中，学校在团队建设、特色课程培育、教学形式创新、文化内涵彰显四个方面做了以下探索。

（一）团队建设

1. 组建课程建设核心小组

课程建设既是一个自上而下不断推动的过程，也是一个自下而上创新学习的过程。为加强教研能力，促进体育教师专业成长，学校组建了课程建设核心小组，由团队主任、团队组长、教研组长和骨干教师组成，并邀请市区级教研员、特级教师参与指导培训，定期开展教研活动，带领全体体育教师开展研讨和教学实践，促进共同成长。

2. 成立校本教材开发小组

学校成立了武术、围棋和形体课程教材开发小组，由担任课程教学工作的教师组成，力争在实践研究基础上，用1—2年时间形成较为完善的校本教材，促进校本课程可持续发展。

3. 充实特色项目教练队伍

为确保学校拓展课程中的特色项目能够有序开展，一支高素质的教练队伍是重要保障。学校着力培养自己的教练员，为他们创造并提供学习、观摩、提高的平台。此外，还聘请在市、区乃至全国有一定影响力、德才兼备的高水平教练，承担教练工作，以充实教练队伍，提高训练水平。

（二）特色课程培育

体育课是落实本课程群目标最重要的途径。按照学校《体育（与健康）课程教学实施计划》和《体育（与健康）课程评价标准》，夯实每个年段目标、单元目标和课时目标，循序渐进，全面提升学生的体育健康素养。体育特色课程是在保证国家课程顺利、有效实施基础之上进行的。

1.传统训练坚持不懈

中华路小学是重庆市游泳、艺术体操、足球三个项目的市级传统体育项目学校，足球项目有着近二十年的发展历程，游泳和艺术体操两个项目有着近三十年训练比赛的优良传统。传统项目管理办法规定，要在全校开设这三个项目的普及课程，其中足球项目主要在分部开展，形体、游泳项目在本部开展。在全校普及学习，促进全体学生个性化发展、身体素质提高的基础上，进行选拔训练，这三个项目均取得了优良成绩，为专业队伍和高一级运动员队伍输送了大量人才。

表3-3　传统项目开展情况表

项目名称	艺术体操（市艺术体操传统项目学校，市竞技体育后备人才单项训练基地，区体校艺术体操项目学校）	游泳（市游泳传统项目学校）	足球（全国校园足球特色学校，市足球传统项目学校，市重点足球学校）
建队时间	1989年	1989年	1999年
教练人数	本校1名，外聘3名	本校3名	本校3名，外聘1名
训练时间	每周一至周五，寒暑假	每周一至周五，寒暑假	每周一至周日，寒暑假
梯队建设	基训队，C组队，B组队	基训队，中级队，高级队	每班男女各一支，校队6支
队员人数	70人	50人	80人
每年（届）主要赛事	重庆市青少年艺术体操锦标赛、重庆市运动会	重庆市学生（青年）游泳冠军竞赛、重庆市青少年游泳锦标赛、渝中区中小学生游泳比赛	重庆市青少年足球锦标赛、重庆市中小学校园足球联赛、重庆市运动会、渝中区小学生校园足球比赛
最新比赛成绩	重庆市运动会团体第三名	全国、市级比赛个人第一，区级比赛团体第一、二名	重庆市运动会亚军

2.特色课程创新实践

形体、武术、游泳、围棋这四门课程都是在国家课程、地方课程以外,根据学校的办学理念、培养目标、学生需求、师资储备等实际情况,开设的特色课程。根据教学目标循序渐进、螺旋上升原则,学校体育特色课程的年段发展目标定位为:低年级——规范与兴趣,中年级——技能与合作,高年级——体能与品质。其中,游泳、形体中的韵律舞蹈、武术的教学内容在国家课程中占有一定的比重。结合学校场地、师资和学情,用拆分、整合、分层、创生的方法,形成学校形体、武术、游泳、围棋课程体系。

(1)创生策略在武术课程中的实践。在国家课程中,武术每学期有3个课时,学校为了更加凸显中华优秀传统文化对小学生的浸润,每个年级补充了大约13个课时内容。我们将武术分为三个水平段:一、二年级为水平一,三、四年级为水平二,五、六年级为水平三。每个水平段包括:武术基本功、武术基本动作、武术组合动作三大类。根据总体的教学目标、教学内容,具体落实到每个年级,细化到每个教学单元。

(2)分层策略在游泳课程中的实践。每年暑期,一年级全体学生测试已有水平,并根据水平分班集中训练十天,以熟悉水性的游戏为主,并为9月升入二年级学习游泳打下基础。二至六年级,每年5—6月,9—10月每周一节游泳课,然后选拔有意愿和具有游泳天赋的学生加入游泳队进行提高训练。这样在小学毕业时,学校学生至少会熟练掌握一种泳姿。

表3–4 游泳课程内容安排表

年级	每年9—10月教学安排	每年5—6月教学安排
一	一年级暑假开展为期十天的全员培训,以熟悉水性的游戏为主	
二	游泳安全常识,原地、蹬壁漂浮	漂浮打腿、扶板打腿划手、漂浮打腿划手
三	自由泳欣赏、自由泳分解、自由泳换气	自由泳换气、完整技术
四	蛙泳欣赏、扶板蛙泳腿、漂浮蛙泳腿	仰泳欣赏、蛙泳换气、蛙泳分解

续表

年级	每年9—10月教学安排	每年5—6月教学安排
五	蛙泳完整技术、扶板仰泳腿	仰泳腿、仰泳分解
六	游泳保健常识、仰泳完整技术	25米自由泳或25米蛙泳

(3)整合策略在节日课程中的实践。在“我们的节日——端午”课程活动中，体育与健康课程群围绕端午节草药洗浴、赛龙舟的传统习俗和文化内涵，从体育与健康课程群的目标和基本理念出发，结合课程特点和各年段德育目标，各年级学生在体育教师带领下，自主开展了各具特色的活动，是一次体育与健康课程群与语文、美术、科学、手工等学科有机整合的大胆尝试，学生的表现得到与会领导、嘉宾的高度赞誉。

表3–5 “我们的节日——端午”课程安排表

年级	课程主题	课程解读(整合学科)	德育目标
一	龙舟赛事我了解	1.学生了解龙舟比赛的起源和简单规则，收集比赛图片，观看比赛视频。 2.获得龙舟比赛知识，感受振奋人心的比赛场景和齐心协力、奋勇争先的精神。以收集、绘制龙舟比赛的图片为展示内容(体育、手工、美术)	懂礼仪
二	徒手龙舟我参与	学生学习“徒手龙舟”游戏，通过练习，初步发展身体协调、灵敏素质，培养与同伴友好相处、互相鼓励，坚持完成任务的意识和能力，体验合作的力量和喜悦。以班级间的友谊比赛为展示内容(体育)	会合作
三	端午草药敬家人	学生了解端午悬挂草药、草药洗浴的习俗及保健作用，认识几种常见的端午草药，和家人一起购买、悬挂、煎熬草药并洗浴，了解疾病预防知识，树立保护健康、感恩生命的意识。以照片配以简要说明为展示内容(体育、科学、美术)	知感恩
四	超级龙舟大比拼	学生学习“旱地龙舟”游戏，开展比赛，掌握运动技能和方法，发展学生灵敏、速度和力量素质，形成合作意识与能力，培养不怕苦累、坚持完成任务的心理品质，初步具备良好的体育道德。以班级间游戏比赛为展示内容(体育)	讲诚信

续表

年级	课程主题	课程解读(整合学科)	德育目标
五	消夏防暑“画”健康	学生以消夏防暑为主题,通过收集整理相关资料,绘制健康教育宣传画,制作成小画册,分发给身边的人,帮助自己和他人学习健康知识,养成健康行为习惯。培养学生关注健康、关爱他人的品格。以健康宣传画册为展示内容(体育、美术)	乐公益
六	端午谚语我创作	学生以中华传统养生方法为主题,通过调查、访问等方法,了解传统健康养生方法,开展小组讨论并创作谚语,培养健康第一、珍爱生命的意识,养成良好的生活习惯。以创作谚语为展示内容(体育、语文)	观时政

(三)教学形式创新

1.课时共用:围棋和武术同在全校一至六年级开设,在课时有限的情况下,围棋和武术共用一课时。以一学期为一个周期,每学年第一学期一、三、五年级每周一节武术课,二、四、六年级每周一节围棋课,第二学期交换。亦动亦静,动静结合,熏陶气质,浸润文化。

2.四位一体:“四位一体”的教学形式是将学校体育工作的四个方面——体育课教学、课外体育活动、课余体育训练和体育竞赛有机整合、相互促进。体育课教学居于核心位置,课外体育活动是课堂教学的延伸,并通过竞赛检测,最后在课余体育训练和高一级竞赛中提升学生的运动技术水平。通过这四个维度的工作,提高学生和教师的积极性,实现体育各项工作有机融合,增强实效。

3.微课交互:教师将跳绳、投掷、武术等教学内容的动作名称、动作要领和方法、评价要点等,用微课的形式拍摄制作,利用班级QQ或微信群,转发给家长和学生,让学生在课外学习、练习。同时,教师根据家长拍摄的学生练习视频,发现学生的进步与不足,再进行个别辅导。家校联合,共同有效提高学生的运动水平和体质健康水平。

(四)文化内涵彰显

体育蕴含独特的文化内涵,具有特殊的育人作用,能增强学生的规则意识、公平竞争意识、团队合作意识和意志品质。每年的体育文化节,从四个板块突出校园体育文化。

第一个板块“体育大世界”,了解体育运动的起源,全校学生要做到“四个一”:阅读一个体育故事,观看一场体育电影,了解一个体育项目,熟悉一位体育明星。第二个板块“体育文化圈”,六个年级学生分别用不同形式表达对体育的关注和理解,如一张照片、一幅画作、一张小报、一篇习作、一次论坛、一份提案等。2016年的红领巾提案,我校有四个提案获选,分别是“大课间活动器材管理”“预防近视建议”“午餐盛饭台设置”“垃圾分类处理”。其中的“大课间活动器材管理”提案,学生通过一学期的自主实践,在自主管理、用完归还器材等行为习惯养成方面取得长足进步。第三个板块“体育大看台”,体育文化节前一周的午间,“校园之声”广播电视台播报体育比赛信息,帮助学生学会欣赏健康与美、感受体育精神。第四个板块“我是运动员”,这个板块分两个部分。第一个部分采用师生问卷调查的方式征集项目,在运动会前一周午间举行。因为是学生自主选择的项目,他们利用早上、课间和放学的时间,争分夺秒训练,实现了“我的项目我做主,我的进步我争取”的目标。第二个部分是为期两天的全校运动会,广播操、跳短绳、立定跳远是运动会中固定的、全校人人参加的项目。

表3–6　体育文化节安排表

内容	具体活动	目标
体育大世界	1.阅读一个体育故事; 2.观看一场体育电影; 3.了解一个体育项目; 4.熟悉一位体育明星	了解体育文化,人人做到“四个一”,利用班级早会、队会形式汇报展示
体育文化圈	一年级:一张照片; 二年级:一幅画作; 三年级:一张小报; 四年级:一篇习作; 五年级:一次论坛; 六年级:一个提案	彰显体育精神,一至四年级作品张贴、展示在班级展示台,五年级论坛年级汇报,六年级评选

续表

内容	具体活动	目标
体育大看台	学校“校园之声”电视台每天13:00—13:30回放精彩体育比赛视频	懂得观赏体育之美，了解游泳、足球、艺术体操、形体等项目
我是运动员	一年级：谁是神投手(轻物掷准)； 二年级：超级呼啦圈(呼啦圈比赛)； 三年级：大力士之战(拔河比赛)； 四年级：铁环滚滚(滚铁环比赛)； 五年级：灌篮高手(定点投篮比赛)； 六年级：巅峰对决(班级篮球比赛)； 全校田径运动会	人人参与，体会运动的乐趣和体验团队的力量

五、成效与反思

把体育与健康课程群和学校其他三大课程群并列，是学校从“公民素养教育”的特色定位出发，体现了对学生核心素养之一的“健康素养”的重视与远见。令人欣喜的是，在课程建设的实践中，学生身心素质得到提高，教师专业发展得到促进，各项工作均取得了优异成绩。但还存在以下问题：一是体育教师的教育科研能力有待提高；二是特色课程校本教材开发、评价方法等，有待进一步整理、完善。

我们深深感到课程建设不仅是一个学习探索、思考创造的过程，更是一个充满喜悦和收获的过程，我们既已出发，定会一路前行！

第五节

艺工达美

——艺术与生活课程群实践与探索

一、基本理念

以"艺术润泽、回归生活"为核心理念，唤起学生学习中的情感体验，陶冶情操，启迪智慧，激发想象和创新，培养其现代公民必备的审美能力和社会生活实践能力。

二、建设思路

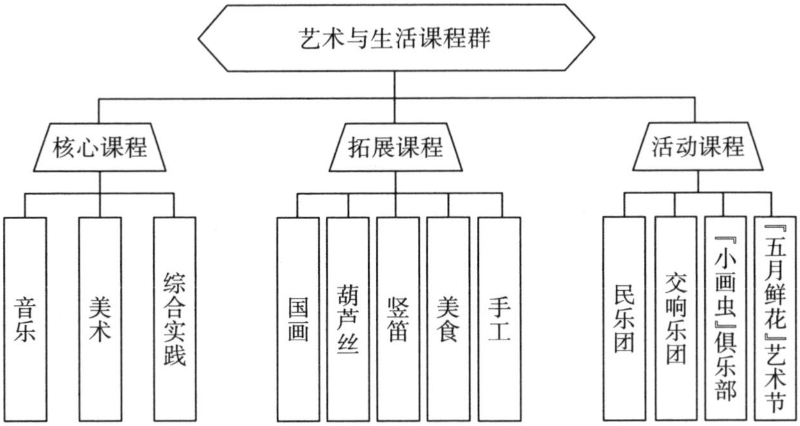

图3-9　艺术与生活课程群建设思路

三、课程群目标

（一）总体目标

1.学会合作：通过团队合作的方式参与音乐、美术、综合实践活动，在活动中发挥个人特长，互帮互助，增强学生的合作意识。

2.学会表达：利用所学的相关学科知识，表达自我的情感与思想，提高学生的表达与交流能力。

3.学会创意：运用各种工具、媒材及其不同学科独有的表现方式，激发学生在艺术与实践领域里的创意灵感，增强学生的学习兴趣。

4.学会审美：通过各种艺术与实践活动发展学生的艺术感受与鉴赏能力，从而丰富学生的情感体验，培养审美情操和健全人格。

5.学会体验：通过实践活动，让学生勇于探索、勇于创新，使学生在探究学习中体验成功与快乐，从而养成乐观的生活态度。

（二）具体目标

1.美术类课程：按“知识与技能”“过程与方法”“情感、态度”“价值观”四个维度设定。学生以个人或集体合作的方式参与美术活动，激发创意，了解美术语言及其表达方式和方法，运用各种工具、媒材进行创作，表达情感与思想，改善环境与生活，学习美术欣赏评述的方法，提高审美能力，了解美术对文化生活和社会发展的独特作用。学生在美术学习过程中，丰富视觉、触觉和审美经验，获得对美术学习的持久兴趣，形成基本的美术素养。

2.音乐类课程：通过教学及各种生动的音乐实践活动，培养学生爱好音乐的情趣，发展音乐感受与鉴赏能力、表现能力和创造能力，提高音乐文化素养，丰富情感体验，陶冶高尚情操。

3.综合实践类课程：提升学生搜集与处理信息的能力、自主获取知识的能力、分析与解决问题的能力、表达与交流的能力，培养学生良好的情感、态度、价值观。

4.活动类课程：通过学校“‘五月鲜花’艺术节”“民乐团”等平台为学生提供参与艺术实践的机会，激发学生学习的热情、兴趣，从中获取成功和快乐体验，陶冶学生情操。

四、实践探索

学校成立以分管学科领导、学科带头人为核心力量的研究团队，认真制定、论证并调整课程群建设方案，定期召开课程群建设现场研讨会，汇报前期工作中的亮点和难点，针对难点想出解决办法，并提出下一步工作重点和思路。

遵循“保持—开发—完善”的思路，采用拆分、整合、分层、创生的形式进行课程的设置。根据学校的实际情况，艺术与生活课程群重点打造国画、美食、葫芦丝等特色课程，在国家课程校本化实施方面进行了有力的探索和实践。以下以美食实践课程为例，呈现学校对国家课程校本化实施的探索和实践。

在推进新课改的过程中，如何最优化地实施国家课程，是课程改革中各地各校都在大力研究的命题。课程专家在反思学校落实课改理念的困境时提出了国家课程校本化实施的思路。国家课程的校本化实施成为彰显学校特色、最优化实施国家课程的有效途径。国家课程的校本化实施是学校在坚持国家课程标准的基本精神前提下，根据学校和学生的实际情况创造性地实施国家课程，包括教材的校本化、学校本位的课程调整、教学方式和学生评价的多样化研究策略。

综合实践类课程是中华路小学在国家课程校本化实施研究中的一个重要课程。综合实践类课程是一门经验性课程，它强调以学生经验、社会实际和问题为核心，以主题的形式对课程资源进行整合，有效培养和发展学生解决问题的能力、探究精神和综合实践能力。同时，综合实践类课程也是一种向学生生活领域延伸的综合性课程，超越了教材、课堂和学校的界限，强调学生与自然、与社会、与生活的联系。

2013年，中华路小学对学生和教师进行了问卷调查，调查数据显示学生和教师都对美食实践课程兴趣浓厚。于是，学校决定在综合实践活动中引入对美食实践的研究。选择将美食实践作为切入点，学校有三点思考：根据小学生的年龄特点，培养自理能力是基点；体现学校“公民素养教育”办学特色是结合点；将美食文化融进学生生活是提升点。为将美食实践课程最优化，进而实现综合实践类课程的目标，中华路小学做了以下研究。

(一)主题植入,创新教学内容

《完善中华路小学优秀传统文化教育指导纲要》指出,要分学段有序推进中华优秀传统文化在学校教育教学中的融入,让优秀传统文化进教材、进课堂、进学生头脑。中华路小学根据公民素养教育特色定位,将优秀传统文化整合到课程中,力求做到三个全覆盖:学科课程全覆盖、各年级全覆盖、教学环节全覆盖。美食实践课程以美食主题文化划分学习单元,从三年级开始,一年八个主题文化,这八个主题文化分别是:花好月圆、岁岁重阳、年年冬至、瑞雪迎新、仲春之月、清明踏青、立夏时节、粽香端午。

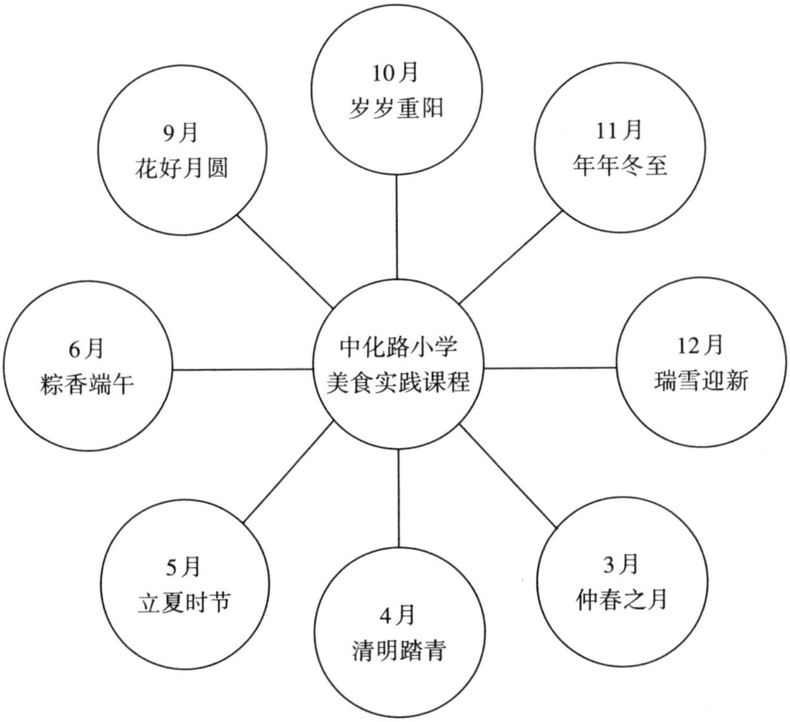

图3-10　中华路小学美食实践课程主题

这八个主题文化的选择与中华优秀传统文化息息相关,结合传统节日中秋、重阳、清明、端午和二十四节气中的冬至、大雪、春分、立夏这些具有鲜明传统文化的元素,引领学生除了关注传统文化,还要开展一系列的主题实践活动,如传统饮食的制作、简单食材的创意制作、美食研究报告和小论文的撰写等。

(二)以学定教,改变教学形式

综合实践类课程以活动为主要形式,强调学生的亲身经历,要求学生积极参与各项活动,在“考察”“实践”“探究”等活动过程中去发现和解决问题、体验和感受生活、提升实践能力和创新能力,与之相适应的基本学习方式是实践性学习。就综合实践类课程而言,教师的教学就是在学生实践学习基础上的教学。学生可将在实践中收集到的信息、问题反馈给教师,教师对此做出相应的教学调整,与学生共同制订解决问题的方案,然后让学生再进行实践。通过不断摸索、实践,从中获得经验,习得方法。中华路小学的美食实践课程有四个教学步骤:文化引路、自主实践、合作实践、评价分享。文化引路阶段,可让学生结合单元主题进行相关习俗的学习,并用PPT、小报等形式进行课堂交流。自主实践阶段,根据每个单元的要求进行实践,如“花好月圆”主题,四年级是制作绿豆糕,课堂上教师做一些相关的指导后,布置作业让学生回家进行自主实践,然后在下一堂课进行交流,说一说自己在实践中的得失。合作实践阶段,学生分小组,并确定每个人的实践任务,包括合作前的准备、合作时的操作分工等,小组成员在组长的安排下在学校美食教室完成单元合作实践内容。评价分享阶段,由学生、教师、家长对本单元的实践活动进行评价,再一次分享实践中的经验和教训。这样的教学形式,既体现了学生的主体性,又体现了综合实践活动的课程价值,还让学生在活动过程中不断地形成良好的行为意识、情感、态度和正确的价值观,并不断地建构自我的整个精神世界,发展学生的研究与实践能力。

(三)合作探究,完善学习评价

合作学习是新课程倡导的学习方式之一,也是综合实践活动最常用的教学组织形式之一。中华路小学的美食实践课程中每个单元的教学都有合作实践阶段,如何合理运用小组合作的学习形式,促进学生深度思考和创新是美食实践课程要解决的难点。

表3-7　中华路小学三到六年级美食实践内容

主题	年级			
	三年级	四年级	五年级	六年级
花好月圆	芋头沙拉泥	绿豆糕	糯米糍粑	冰皮月饼
岁岁重阳	土豆创意	南瓜创意	养生粥系列	紫薯创意
年年冬至	鸡蛋创意	西红柿创意	胡萝卜创意	豆腐创意
瑞雪迎新	汤圆	抄手	水饺	糯米八宝饭
仲春之月	清炒豆苗	香菇菜花	香椿炒蛋	蒜薹炒肉丝
清明踏青	蛋煎馒头	煎鸡蛋	菠菜蛋饼	葱油饼
立夏时节	蔬菜沙拉	紫薯芋圆	凉拌菜系列	消暑冰粉
粽香端午	蒸蛋糕	蔓越莓饼干	抹茶蛋糕卷	包粽子

将三到六年级每个班的学生划分为6个小组，每个小组大约6到8人，形成相对固定的学习小组，在合作实践阶段展开学习。特别是每学期都有一些主题内容的安排，如六年级的岁岁重阳主题，让学生以紫薯做创意菜品，在自主实践阶段，学生尝试了各种紫薯创意；在合作实践阶段，合作完成最佳创意菜品；在评价分享阶段，小组评选出本组最佳创意菜品。关于合作学习的要素，有三个观点。约翰逊兄弟提出，积极互赖、责任到人、面对面促进互动、人际和小组技能、小组评价；斯莱文提出，小组目标、责任到人、成功机会均等；卡甘提出：积极互赖、责任到人、公平参与、同时互动。综合三个代表性观点，中华路小学提出了合作实践20字方针：目标明确、责任到人、积极互赖、宽容接纳、反思总结。教师在指导学生进行合作实践的过程中，通过每个单元的教学循序渐进地培养学生的合作能力，每个单元结束，对学生有一个形成性的评价，而小组合作实践成为形成性评价的重点。学生的基本合作技能主要包括以下几种。

表 3-8　学生的基本合作技能一览表

合作的技能	细目
高效率地组成小组的技能	分配任务、接受任务、优化成员组合等
小组活动基本技能	倾听、赞扬、耐心等候、寻求帮助、表达感谢和接受感谢、诚心道歉、接受他人道歉、鼓励他人参与、提问、有礼貌地拒绝、给予指令、有礼貌地打断别人讲话、观察和评论小组活动、解决冲突等
交流思想的技能	清晰地表达个人观点、提建议、询问原因、寻求反馈、批评、接受他人批评、有礼貌地表示不赞同、说服他人、妥协与宽容等

(四)合理配置,丰富课程资源

课程资源的开发对综合实践活动具有重要的意义,中华路小学在引入美食实践课程后,组建了研究团队,从课程内容、形式到资源的开发进行了深入研究与实践。学校建立了美食实践课程资源包,包括绘本教材、教学视频、美食文化集锦、学生作品集锦四大类。特别是由学校教师制作的绘本教材成为一大亮点。从绘本的风格、绘本内容的选定,再到绘本人物的设计等,无不体现课程资源开发主体——教师的智慧。学校拟订了三到六年级每个年级一本的美食绘本教材编修计划,现已全部投入使用。

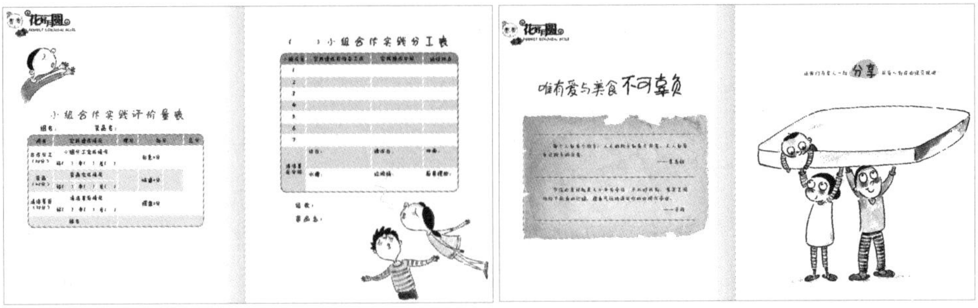

图3-11　中华路小学美食实践绘本教材范本

学校希望以这样的形式来传达给学生一个理念：美食，即美好的食物，除了食物本身的色香味，还要体现食物背后浓浓的爱。整个教材具有浓浓的文化味。其他的课程资源相辅相成，教学视频和美食文化集锦，主要是为教师教学提供范本，学生作品集锦呈现的是美食实践课程成果。这些是显性的课程资源，还有一些隐性的课程资源，如家长、校友、社区等的介入，建立校外课程资源信息库，每期邀请家长、校友等来校为学生教授美食。课程资源的开发将一直贯穿课程实践，形成一种永久的合力。

五、成效与反思

国家课程的校本化实施离不开学校的创新和探索，这种“自下而上”的实践创新可以很好地弥补“自上而下”的国家课程变革的不足，为国家课程的贯彻落实、学校的课程建设奠定坚实的基础。

第四章
促进公民养成的特色课程

课程是学校实现其育人目标的重要载体，是学生核心素养落地的重要抓手。学校教育要促进人的全面而有个性的发展，就需要构建一套适应每一个学生发展的课程体系。中华路小学以培养具有中华根基和国际视野的中华小公民为己任，在“立德树人”思想的指导下，坚持公民素养教育的特色定位，构建了“四群三类”课程体系，努力实现“国家课程校本化、地方课程综合化、学校课程特色化”课程目标。

第一节

追寻文化

——传统节日课程

中国是一个历史悠久的文明古国，传统节日是中华传统文化不可缺少的一个重要组成部分。节日的历史渊源、美妙传说、经典诗文、独特礼俗，共同反映了中华民族的传统习惯、道德风尚，构成了中华民族的文化血脉与集体记忆。

然而，随着社会节奏的加快、物质生活的丰富及西方文化的冲击，沉淀千百年的传统节日文化因挖掘不足和载体单一，正面临传承乏力并逐渐消退的困境。不少青少年对中国传统节日漠不关心，也不知道传统节日的由来与内涵。这为我们敲响了警钟。

党的十八届三中全会明确要求，要把“完善中华优秀传统文化教育”作为深化教育领域综合改革的重要任务。其根本目的，就是要让每一个中华儿女从小烙下民族文化的精神印记。中华民族的复兴不仅体现在经济实力的增强，更在于传统文化等软实力的崛起，而传统节日文化正是其中重要的一部分。不断传承、坚守中华优秀传统文化，增强民族文化自信，也是基础教育不容推卸的责任。2014年，教育部颁布了《完善中华优秀传统文化教育指导纲要》(以下简称《纲要》)，为新时代背景下加强中华优秀传统文化教育指明了方向。《纲要》强调，中华优秀传统文化是中华民族语言习惯、文化传统、思想观念、情感认同的集中展现，凝聚着中华民族普遍认同和广泛接受的道德规范、思想品格和价值取向，具有极为丰富的思想内涵。因此，须根据不同学段学生的身心发展特点，分阶段、有序地推进中华优秀传统文化教育。例如，在小学低年级阶段，引导学生认识中华民族的传统节日，了解家乡的习俗，培养民族归属感；在高年级阶段，则要帮助学生深入理解传统节日的文化内涵与家乡习俗的变迁，激励学生增强文化自信，自觉践行社会主义核心价值观。

学校根据公民素养教育特色定位，对中华优秀传统文化与课程的关系进行了深入探索。2012年，学校创设了校本课程——传统节日课程，精选“春节”“清明”“端午”“乞巧”“中秋”“重阳”六个传统节日来设计课程，每学期开展一次主题活动，每三年为一个周期。同时，学校还将这六个传统节日分别编入六册《修身》校本教材中，对每个节日的文化内涵做了比较全面的诠释，真正夯实了建设传统节日课程的基础，让学生了解传统节日、喜欢传统节日、主动传承传统礼俗，弘扬传统美德。

一、厘清传统节日习俗

中华传统节日形式多样，内容丰富。每个节日的形成是中华民族历史文化长期积淀与凝聚的结晶。从流传至今的节日习俗里，可以清晰地看到古代人民社会生活的精彩画面。然而，当传统节日文化在现代生活中再度复兴的同时，也因种种原因被曲解、误读。如将清明节等同于祭扫节，七夕节等同于情人节等，这些误解与中华传统文化背道而驰，不利于其真正的传承与发展。

正确认识传统节日，厘清节日习俗，是开设传统节日课程的前提。教师们通过查阅资料、走访专家、撰写论文等方式，努力为传统节日文化正名。

（一）清明节≠祭扫节

每到清明时节，学生往往跟随家人一同扫墓。节前的课程中，教师引导学生深入探究，认识一个真正“气清景明”的传统节日。首先，诵读古诗词，如白居易的“留饧和冷粥，出火煮新茶”（《清明日送韦侍御贬虔州》），反映出清明节品新茶的传统；王维的“蹴鞠屡过飞鸟上，秋千竞出垂杨里。少年分日作遨游，不用清明兼上巳”（《寒食城东即事》）描绘了人们在清明节走出户外，踢球、荡秋千的场景。此外，教师还引导学生欣赏一些古代仕女图，图中仕女在清明前后盛妆出游、赏花饮酒、吟诗作画，进一步丰富了学生对清明节的认识。

课程启发学生感受清明节所蕴含的中国人追求与自然和谐相处的哲学观。清明时节，万物生发，人们外出游乐，感受大自然的勃勃生机，在尽情欢乐的同时，不忘祖先，扫墓祭奠。清明节体现了中国人对自然、对生死等的价值观。

（二）七夕节≠情人节

因为有了牛郎织女七夕鹊桥相会的民间传说，七夕节成为中华传统节日中最具浪漫色彩的节日之一。但将它当作中国情人节，很大程度上是现代商业运作的结果。七夕节又称“乞巧节”“女儿节”“少女节”，是古代少女最为重视的日子之一。每年的这一天晚上，少女们望月穿针乞巧，祈求拥有一双织女般的巧手；而读书的男子则“拜魁星”“晒书晒衣”以求“大庇天下士”。可见，七夕节丰富的节日习俗彰显了深厚的文化底蕴。

教师引导学生在乞巧节通过自己的双手来体会节日的真正含义，培养学生心灵手巧的品质，这是学校开设乞巧节课程的课程目标，并由此设计了“巧手扮靓乞巧节”系列课程活动。第一，学生查阅资料，了解乞巧节，制作节日小报。第二，学生参与家务劳动，低段学生试着清洗小件衣物，中段学生学习缝扣子，高段学生负责餐后清洗餐具。这些看似简单平凡的事情，却是现在的学生很少动手去尝试的家务。亲身体验方能体会到父母平日里的辛劳与付出，从而懂得感恩、惜福。第三，开展“为小区制作文明标语”特别活动，让学生关注小区里的环保难题，通过自己的观察和灵巧的双手为公共环境的整洁出一分力。引导学生参与环境保护宣传，养成低碳环保的行为习惯，形成健康文明的生活方式。第四，制作巧果、花瓜。结合学校传统美食实践课程，学习制作巧果、雕刻瓜果、制作花瓜，亲身体验节日习俗。通过这样的课程设计，学生了解了乞巧节的真正含义，并通过细心观察、精心创意、耐心制作，用一双灵巧的手勾勒出童眼童心中的传统节日文化轮廓。

二、丰富传统节日内涵

中华传统节日蕴含着极为丰富的饮食文化，是节日活动中不可或缺的重要内容，如春节吃饺子、汤圆，端午吃粽子，中秋吃月饼。在物资匮乏、食物供应不足的时代，传统节日食品是难得的美味，是只有过节才能享用的美食，这让人们更加期待节日的来临。不过，在物质丰富的今天，不少传统节日食品也就显得暗淡了很多。尤其对于当代的小学生来说，他们的认知往往源于日常生活，而节日食品是学生在日常家庭生活中接触最多、印象最深的，是他们学习传统节日课程的起点。

实际上，已经延续上千年的中国传统节日，承载着神话、传说、天文、地理、术数、历法等人文与自然文化内涵，绝非只有"吃"这一表象层次。首先，传统节日是民众计时系统的重要标志，这种计时系统是中国数千年农业文明发展的结果。其次，许多传统节日中都包含着中华民族崇尚圣贤、缅怀先烈、尊老爱幼的精神内涵，许多历史人物及其传说故事成为解释节日及其习俗的来源。最后，众多传统节日的活动强调人际、人与自然之间的和谐相处，突出体现了中华传统文化中"天人合一"的思想，这是今天建设和谐社会的重要资源。[①]教师们达成共识：传统节日课程，必须引导学生重新发现、认识传统节日丰富的文化内涵，并将其自觉融入学生的日常生活和精神世界中，从而化为滋养民族生命力、凝聚力和自尊自信的甘泉。

（一）浓郁的中国年味儿

中国民间最隆重、最热闹的传统节日非春节莫属。同时，它也是欢庆时间最长的一个传统节日。从农历腊月二十三起，家家户户开始扫尘、置办年货，贴春联、贴"福"字；除夕夜，吃团圆饭、守岁、放鞭炮；大年初一，相互拜年、发压岁钱、舞狮子、耍龙灯、演社火、游花市、逛庙会；一直要"闹"到农历正月十五元宵节过后，春节才算真正结束。除了传统的节日习俗，还有新兴的娱乐活动，如看春节联欢晚会、发春节祝福语、抢电子红包等，如此丰富的节日习俗，使春节不仅仅是一个节日，同时也是中国人情感得以释放、心理诉求得

---

① 高占伟，叶涛．以年节和清明为例看传统节日的传承[J]．民俗研究，2010(3)：60.

以满足的重要载体，是中华民族一年一度的“狂欢节”和永远的精神支柱。

欢度春节的时间是在学校放寒假期间，这就决定了这一传统节日课程必须分为三个时段。第一时段，秋季学期期末，教师指导学生举办迎新春音乐会，以“过民族节、着民族装、赏民族乐”作为主题，通过声乐、器乐表演，感受辞旧迎新的喜悦。同时，师生一起了解春节的新旧习俗，通过办小报、讲故事等形式大力宣传，为学生与家长过好春节做准备。第二时段，是学生寒假在家时，在家长的指导下，学做一道年夜菜，并用摄影、录像等方式记录家人过春节的重大活动。学生也可运用在书法、国画课程中学习的技能写春联、作年画，为节日增添喜庆气氛。第三时段延续至春季学期第一学月，低中段学生展示春节自学课程的成果。学校组织高段学生举办以“压岁钱去哪儿了”为主题的达育论坛，邀请从事金融行业的家长代表为学生作理财讲座，引导学生制作春节家庭财务收支统计图表，了解父母持家的不易，学习计划开支、货比三家等理财小知识，并把这些知识运用到自己的零花钱管理中。

课程设计因为关注了春节这个传统节日与时俱进的特点，使中国年味儿充满了时尚的气息，也发掘了传统节日的现实意义。

（二）端午不止飘粽香

近年每到端午节，媒体总要提起“端午不止飘粽香”这一话题。事实上，任何一种流行现象的背后，都对应着复杂的文化心理。在这一话题的背后，折射着当下传统文化式微，以及人们对文化式微的警觉。教师的这一警觉尤为强烈。

诚然，端午吃粽子，是学生最熟悉的节日习俗之一。粽子的来历也链接着屈原的故事。然而，在品粽怀古之余，我们更应当引导学生去体味粽香背后更本真的味道，于粽香深处追寻一些不能忘却的文化记忆。这就需要从儿童的视角出发，去发掘端午节丰富的文化内涵。

端午节在我国所有传统节日中叫法最多，堪称节日别称之最。教师们从“端午别称”入手，将二十多个别称分门别类，从而引导学生从不同角度去认识端午文化。如与节气有关的端阳节、重五节、夏节等，与常见植物有关的艾节、菖蒲节、苦瓜节等，与历史名人有关的诗人节、屈原日等，与神话故事有关的龙节、龙日节等，还有与传统民俗有关的沐兰节、粽子节、香包节、龙舟节等。由此，确定了端午传统节日课程的精神根脉：上下求索、忠贞孝亲的家国情怀，齐心协力、奋勇争先的龙舟精神，驱邪避毒、健康养身的生命意识，继承传统、放眼世界的文化自觉。让学生在悠久的民族历史渊源中感动，在深厚的民族文化内涵中浸润，在丰富的民族民俗活动中体悟，从而增进文化认同，增强民族自信。

三、统整传统节日课程

从2012年至2015年，学校的传统节日课程完成了第一个三年周期，逐一对六个传统节日课程做了初步探索与实践。2014年，学校开展课程统整的研究，力图通过"四大课程群"的构建（语文与品德课程群、数学与科学课程群、体育与健康课程群、艺术与生活课程群）和"三类课程"的设置（核心课程、拓展课程、活动课程），围绕着现代公民所应具备的核心素养，渗透公民意识、发展公民素质、提升公民能力，为把学生培养成为具有中华根基和国际视野的现代合格公民奠定基础。

前期的研究是统整传统节日课程最有利的土壤。2016年，学校开展了"我们的节日——端午"课程统整活动，覆盖"四大课程群"和各个年级，旨在打造传统节日特色课程，弘扬端午文化，涵养中华美德，努力为中华路小学的学生打下中华文化的根基，烙上中华文化的标识。

（一）基本理念

1.弘扬传统节日文化，涵养中华美德是课程的核心

传统节日的各种习俗及历史典故，从不同层面传递出中华文明优雅深厚的气息，并以丰沛的能量呼应并支撑着我们正倡导的社会主义核心价值观。传统节日课程统整应激发和培育学生对传统节日的认同和热爱，引导学生逐步全面了解并弘扬传统节日文化，感受传统节日所蕴含的家国情怀，主动涵养中华美德。

2.在与学生生活世界的联系中建构课程的意义

学生的生活是课程的基础。课程的内容与形式必须贴近各年段学生的生活，反映学生的需要，让学生从自己的生活世界出发，通过自主、合作、探究的方式，去感受、了解、研究传统节日课程，再回归到现实生活中，构建真正属于自己的知识和能力，形成内化的道德品质。

3.关照不同课程样态，分群协同发展学生核心素养

公民素养教育“四大课程群”分别确立了指向公民核心素养的目标。传统节日课程应统整不同样态的课程，实施时既须以各课程群的目标为导向，又要围绕传统节日课程目标，加强同课程群、各年段的协同教研，努力使各年段学生的核心素养在其基础上得到充分发展。

4.树立民族文化自信，形成全球化视野

民族的，也是世界的。继承传统不等于匍匐在传统脚下，更不能把民族节日与外来节日对立起来。传统节日课程既要引导学生科学认识传统节日丰富多彩的内涵，使传统文化薪火相传，又要以开放的心态吸纳外来文化精华，引导学生形成全球化视野和尊重、理解多样文化的胸怀。

（二）课程目标

1.通过课程统整，凸显传统节日文化主题，落实中华优秀传统文化进课程、进教材、进学生头脑。

2.通过调查、访问、体验、实践、辩论等多种形式，了解传统节日礼俗和历史典故，对比中外节日文化，激发学生对传统节日文化的认同与热爱。

（三）课程结构

传统节日课程以传统节日文化礼俗为学习背景，以学生的现实生活为基础，以六个年级与“四大课程群”精选的内容为纵横组成课程的基本框架。各课程的教学目标直指中华路小学各年级德育主题（一年级懂礼仪，二年级会合作，三年级知感恩，四年级讲诚信，五年级乐公益，六年级观时政）。

1. 学科课程全覆盖

在“我们的节日——端午”课程统整中，语文与品德课程群分年级实施的课程有国学经典、修身、班会、语文、“Hello ABC”、达育论坛，着力引导学生感受端午佳节人文情怀，树立文化自信，拓宽全球视野；数学与科学课程群分年级实施的课程有数学游戏与实践活动和科学，着力引导学生将知识与实践紧密结合，勇于探究，乐学善学，发展理性思维和解决问题的能力；体育与健康课程群分年级实施的课程有体育、健康教育，着力引导学生了解并参与体育竞技游戏，培养合作担当的责任感，树立珍爱生命的意识，养成利于身心健康的生活习惯；艺术与生活课程群分年级实施的课程有音乐、手工、美术、美食，着力引导学生进行艺术想象与创意表达，陶冶审美情趣，在劳动中传承端午文化，培养动手实践能力，如表4-1所示。

表4-1 “我们的节日——端午”课程统整实施课程表[①]

课程群	年级					
	一年级	二年级	三年级	四年级	五年级	六年级
语文与品德课程群	国学经典	修身	班会	语文	Hello ABC	达育论坛
数学与科学课程群	数学游戏与实践活动	数学游戏与实践活动	数学游戏与实践活动	科学	数学游戏与实践活动	数学游戏与实践活动
体育与健康课程群	体育	体育	健康教育	体育	健康教育	健康教育
艺术与生活课程群	音乐	手工	美术	音乐	美食	美术

2. 各个年级全覆盖

以“我们的节日——端午”课程统整一年级结构框架为例（如表4-2所示），所有课程的设置都充分考虑了学生的年龄特点。在语文与品德课程群的国学经典课程中，学生诵读端午童谣，了解生活中熟悉的端午习俗，积累语言，感受

① 课程的整体设计与具体实施略有出入。

童谣的情趣，亲近中华优秀传统文化，吸收其中的语言营养。在数学与科学课程群的数学游戏与实践活动中，学生在家长陪同下走进超市进行购买粽子的实践活动，记录活动过程，培养运算能力，分享交流数学日记。在体育与健康课程群的体育课程中，学生了解龙舟比赛的起源和简单规则，收集比赛图片，观看比赛视频，获得龙舟比赛的基本知识，感受振奋人心的比赛场景和齐心协力、奋勇争先的精神。在艺术与生活课程群的音乐课程中，学生学习童谣《过端午》，通过聆听歌曲、学唱、表演，感受节日氛围，在音乐审美过程中获得愉悦的感受与体验。四门课程都要落实懂礼仪的年级德育主题，学生在诵读童谣与演唱歌曲中习得表演礼仪、集会礼仪、着装礼仪，在观看视频中习得观影礼仪，在超市购物中习得购物礼仪。课程安排详见表4-2。

表4-2 “我们的节日——端午”课程统整结构框架（一）

年级	课程群	实施课程	课程主题	年级德育主题
一年级	语文与品德课程群	国学经典	端午童谣大家唱	懂礼仪
	数学与科学课程群	数学游戏与实践	快乐端午购	
	体育与健康课程群	体育	龙舟赛事我了解	
	艺术与生活课程群	音乐	端午小曲唱起来	

在二年级课程统整的结构框架中，紧扣“会合作”的年级德育主题（如表4-3所示），学生在修身课上了解合作的基本原则与方法；在测量与推算的过程中，体会合作的重要性，学习分工合作；在游戏比赛中体验合作的力量；在制作小香囊的过程中，感受与家人合作的快乐。课程安排详见表4-3。

表4-3 “我们的节日——端午”课程统整结构框架（二）

年级	课程群	实施课程	课程主题	年级德育主题
二年级	语文与品德课程群	修身	端午佳节思合作	会合作
	数学与科学课程群	数学游戏与实践	粽子与测量	
	体育与健康课程群	体育	旱地龙舟我参与	
	艺术与生活课程群	手工	巧手编制小香囊	

围绕划龙舟这一节日习俗，一、二年级的体育课程，年段特征异常鲜明。说明同一课程群的教师们在设计特色课程时，注重了知识与能力的螺旋上升。而科学课程的设置以学生的生活经验为基础：二年级通过艺术与生活课程群手工课制作小香囊；三年级在体育与健康课程群健康教育课程中，开展与家人一起购买、悬挂、煎熬草药并洗浴的活动；四年级则通过观察挂菖蒲、艾草等习俗，了解相关植物的叶和形，并制作干叶标本。这些课程旨在帮助学生了解科学与日常生活的密切关系，感受科学的魅力和乐趣，培养学生初步的科学实践能力。这也说明教师们不仅关注本课程群的课程实施，也树立了跨课程群、跨学科、跨年级的课程建设意识，减少了课程内容不必要的重复，有利于学生综合素养的发展。课程安排详见表4-4和4-5。

表4-4 “我们的节日——端午”课程统整结构框架(三)

年级	课程群	实施课程	课程主题	年级德育主题
三年级	语文与品德课程群	班会、队会	端午别称我探究	知感恩
	数学与科学课程群	数学游戏与实践	年月日与传统节日	
	体育与健康课程群	健康教育	端午草药敬家人	
	艺术与生活课程群	美术	旧物化身“中国龙”	

表4-5 “我们的节日——端午”课程统整结构框架(四)

年级	课程群	实施课程	课程主题	年级德育主题
四年级	语文与品德课程群	语文	端午诵诗爱中华	讲诚信
	数学与科学课程群	科学	小小草叶留韵端午	
	体育与健康课程群	体育	超级龙舟大比拼	
	艺术与生活课程群	音乐	节日吹响葫芦丝	

五年级围绕“乐公益”的德育主题(见表4-6)，组织学生通过收集整理消夏防暑的正确方法，绘制健康教育宣传画，制作成小画册，分发给身边的人，帮助

自己和他人学习健康知识，养成健康行为习惯。学生在美食实践活动课上学习包粽子，在传承中华优秀传统文化的同时培养生活实践能力。最后，让学生将粽子送往附近的敬老院和福利院，鼓励他们积极参与志愿者服务。

表4-6　“我们的节日——端午”课程统整结构框架（五）

年级	课程群	实施课程	课程主题	年级德育主题
五年级	语文与品德课程群	Hello ABC	端午放眼看世界	乐公益
	数学与科学课程群	数学游戏与实践	赛龙舟中的数学	
	体育与健康课程群	健康教育	消夏防暑我调查	
	艺术与生活课程群	美食实践	粽子飘香满校园	

六年级的课程设置，体现了毕业年级学习的深度与难度，如表4-7所示。学生在达育论坛中，以“端午节是中国的还是世界的”为辩题，通过论坛发布、现场辩论和“TEDX”演讲等形式，对如何传承和弘扬中华传统节日文化做理性思考，引导学生形成全球化视野和尊重、理解多样文化的胸怀。在数学游戏与实践活动中，组织学生分组调查市面上粽子的品种、形状、价格，运用折扣、百分数等数学知识制订促销方案，引导学生关注节日商业的热点问题，培养学生数据分析、逻辑推理等能力。这与一年级的数学游戏与实践活动相比，同样是在商场看粽子，六年级学生注重关注时事民生。在艺术与生活课程群的美术课程中，学生通过为期两年的国画技艺学习，以中国水墨画为表现手法，描绘端午赛龙舟的壮观场面，同时配以简短诗句，达到诗画交融的艺术效果。举办画展作为“不一样的毕业季”的传统活动，为即将告别母校留念。

表4-7　“我们的节日——端午”课程统整结构框架（六）

年级	课程群	实施课程	课程主题	年级德育主题
六年级	语文与品德课程群	达育论坛	端午文化辩归属	观时政
	数学与科学课程群	数学游戏与实践	促销活动进行时	
	体育与健康课程群	健康教育	端午谚语我创作	
	艺术与生活课程群	美术	水墨诗画“赛龙舟”	

3.教学环节全覆盖

“潜心静气做教育，一言一行育真人”，是中华路小学的教风，真实、扎实、朴实地进行传统节日课程的探索与实践，是教师们秉承的课程理念。在“我们的节日——端午”课程统整中，教师们摒弃了功利心，将传统节日文化落实到教学的每一环节，真正为每个学生核心素养的发展呕心沥血，奉献智慧与才干。

二年级的《修身》校本教材，正好编写的是端午节的内容。教师实施课程时确定了以下教学目标：①从划龙舟、包粽子等端午习俗中感受合作的意义，参与关于合作的体验活动；②感知“齐心协力，奋勇争先，拼搏向上”的龙舟精神；③学习合作担当，增强责任感。在教学中，每一个活动都紧扣教学目标。第一个板块“传统节日图中猜”，让学生先初步了解六大传统节日，再了解本次活动课重点要认识的端午节。第二个板块“端午节俗我知道”，通过激烈的竞猜帮助学生了解更多的端午节的来历和习俗，感受龙舟精神。同时，此板块中穿插的多个小节目，如高年级学生合作教低年级的学生包粽子，学生及家长交流自己在亲子合作制作香包环节时的感受等，都是为了让学生感受合作的意义。第三个板块“分工合作我感受”，让学生分组合作完成端午小报，并交流合作的感受。三个板块在活动内容上做到了层层推进，由简到繁，由易到难，逐步提升。从最开始的常识了解到最后在合作中感受端午文化，学生的情感体验由简单到丰富，因此学习的兴趣也越来越浓厚。

二年级的手工课紧扣本年级的德育主题——会合作，设计了“巧手编制小香囊”的学习活动。该活动通过师生合作、亲子合作以及同伴合作的方式，帮助学生了解端午佩戴香囊的习俗，学会制作香囊，培养学生的动手实践能力和创意表达能力。教师设计了如下四个教学环节。①端午香囊我了解。让学生通过看实物和视频感知习俗，了解香囊驱寒祛病和点缀服饰的功用。②端午香囊我会做。教师先引导学生按顺序看懂香囊制作图示，了解制作步骤；学生在观察教师的示范之后，再尝试做香囊。③端午香囊亲子做。学生回家邀请家长与自己共同制作香囊，用照片记录亲子合作的过程，促进了家长与孩子之间的情感交流。④端午香囊我分享。让学生分组合作，共同完成作品展示板，鼓励大家充分发挥创造能力，让作品都有自己鲜明的特色，同时组织全年级学生参观作品展览，让学生学会合作，学会欣赏。

五年级的“Hello ABC”以“端午放眼看世界”为课程主题，指导学生查找资料，对比端午节与西方复活节的文化异同，并制作端午节英文卡片和宣传海报，走出校园，向西方朋友推介中华优秀传统文化，激发学生了解世界不同文化的兴趣，尊重差异，形成开放的全球视野，促进国际理解，提升跨文化交际的公民素养。教师制订了如下的课程实施计划，如表4-8所示。

表4-8　五年级下学期“端午放眼看世界”主题课程实施计划表

主题	时间	课时	课程内容
Happy Easter 快乐复活节	3月	第1课时	文化的输入——由教师为学生讲述节日相关内容，并在课堂上教授一些与复活节相关的英语词汇或句子；给学生布置回家收集有关复活节资料的任务
		第2课时	文化的输入——学生把通过网络、书本、电视等收集到的关于复活节的相关知识，在班级里进行分享
	4月	第3课时	文化的体验——活动1：制作复活节宣传海报和贺卡
		第4课时	文化的体验——活动2：绘制彩蛋，滚彩蛋
Happy Dragon Festival 快乐端午节	4月	第1课时	文化的输入——教师为学生讲述端午节的来历，并让学生在课堂上学会一些与端午节相关的英语词汇或句子；给学生布置回家收集有关端午节资料的任务，并同西方的复活节进行对比
		第2课时	文化的输入——学生把通过网络、书本、电视等途径收集到的关于端午节的知识与复活节的相关知识在班上进行对比。从节日风俗文化、节日习惯文化、节日传说文化，以及节日语言文化等方面了解两种文化
	5月	第3课时	文化的体验——活动1：制作端午节宣传海报和贺卡
		第4课时	文化的体验——活动2：布置端午节与复活节相关知识的宣传展板，在全校范围内进行展示，并邀请全校师生找出两种文化的异同

学生在循序渐进的课程中，了解到了西方的复活节与中国的端午节源自不同的自然环境和文化背景，感受到了两个节日之间存在着明显的差异。但两者并非“井水不犯河水”，而是有着诸多的相通之处。当今中西方经济、文化交流日趋频繁，两种节日文化呈现互相渗透、彼此影响的态势。

作为社会的小公民，参政议政能力是必要的基本素养，而学校的达育论坛就为高段学生搭建了重要的平台。借助“我们的节日——端午”课程活动，六年级学生对精神寻根、文化开放等主题发表了自己的见解，在一次次交锋中碰撞出思维的火花。正方辩友的观点是“端午节是中国的”，他们认为，端午节的历史、习俗源于中国，它独特的基因来自中国传统文化。反方辩友的观点是“端午节是世界的”，他们认为优秀的传统文化是没有国界的，它能够得以传播也正因为它体现了各民族优秀品质的共性，它不受地域限制，不能狭隘地只属于哪一个国家。这场唇枪舌剑的辩论会之所以能成功举办，得益于学生平时“关心天下事”的习惯和良好的语言表达能力，更得益于教师们在辩论会前长达一个多月的精心指导和各种辩题的演练。只有将传统节日文化覆盖教学的全部环节，才能达成课程目标，使学生受益。

4.每个学生全覆盖

面向全体学生，让每个学生实现自我成长，是学校课程改革永恒的导向，也是传统节日课程统整坚守的原则。在传统节日课程统整活动中，各年级各班学生一个也不能少。

2016年6月3日，围绕“我们的节日——端午”，学校四大课程群共开发24个特色课程向市、区教育同人展示。六年级全体学生举办了“不一样的毕业季——致童年”国画展；一年级全体小朋友读唱端午童谣；四年级全体学生吟诵屈原诗作，吹奏葫芦丝《龙的传人》，赢得来宾的热烈掌声；三年级全体学生的武术表演和二、四年级全体学生的旱地龙舟竞赛，在操场掀起一波又一波的热浪；五年级学生包粽子、四年级学生制作干叶标本，以及二年级的数学游戏与实践和“修身”现场展示课，都充分体现了“人人参与，各见其能”。创新、丰富的课程形态，让来宾为每个学生生动、活泼、有个性的表现喝彩。

教育专家点评：学校对传统节日的课程统整反映了学校教育基点的根本转变，由关注传统讲授到以学生为本，由关注个别学生到关注全体学生，由关注课程目标到关注核心素养。站位高，让核心素养的前沿理念得到落实；接地气，让每个学生都有展示的机会；措施实，让学生有足够的实践时间。

随着中华路小学课程统整的深入推进，传统节日课程将逐步实现常态化和系统化。挖掘传统节日中深远的文化韵味和丰富的教育资源，让中华优秀传统文化在学生的心中生根发芽，让学生在独有的中华文化情怀的浸润中成为优秀传统文化的传承者、创新者，我们矢志不渝。

第二节

培养情趣

——传统技艺课程

教育部印发的《完善中华优秀传统文化教育指导纲要》指出:“在课程建设和课程标准修订中强化中华优秀传统文化内容。”“鼓励各地各学校充分挖掘和利用本地中华优秀传统文化教育资源,开设专题的地方课程和校本课程。”“修订相关教材和组织编写中华优秀传统文化普及读物。”基于此,传统文化进校园可谓恰逢其时,各地各校依据各自对传统文化的理解,做出一些多元化探索。但是,由于缺乏统一的课程标准,以传统文化教育名义开设的课程在内容选择、教学方法、课时安排、呈现形式、师资配备等方面都存在相当大的问题,呈现一种野蛮生长的态势。这些课程在内容选择上,主要以《三字经》《弟子规》等作为蒙学教育内容,以《论语》《大学》等作为儒家经典教育内容,以唐诗宋词作为经典诗词诵读的主要内容。在课时安排上,有的学校有专门课时,而更多的则是利用早读、课外活动等“零碎时间”完成,对传统文化课程缺乏系统性思考与实践。

中华路小学的传统技艺课程在这样的背景之下应运而生,成为学校进行公民素养教育的内容之一。传统技艺课程以琴、棋、书、画四大传统技艺和富有传统特色的武术与中华美食为主要内容,力图将传统文化的“精、气、韵”有机渗透到学校管理、教育教学、家庭教育等各方面。通过深度构建课程文化、课堂文化、环境文化,培养师生独特的精神气质与行为范式,最终外化为教育的品质和学校的气质,彰显传统技艺教育的文化意义。

一、传统技艺课程与现有课程的有效对接

依据已经出台的国家和地方政策，我们在传统技艺课程的设置上尽力克服传统文化与现有课程“两张皮”的现象，实现传统技艺课程化。依托重庆市教委规定从2012年开始实施的课程辅助活动，通过学校统一安排的艺术、体育、科技等课程的学习实践活动，推动学生在传统文化和科技方面达到一定水平，在活动中育德、启智、健体，培养学生多方面的兴趣爱好，促进学生全面而又个性的发展。这是中华路小学公民素养教育中个性素养培养的重要目标。按照《重庆市教育委员会关于调整普通中小学课程计划的通知》（渝教基〔2012〕21号）文件精神，学校综合考虑，将课程辅助活动完全纳入学校各班级周课时总计划中，以充分保证课时量。传统技艺课程中的葫芦丝、国画、围棋、武术、书法分别进入艺术辅助活动、体育辅助活动、书法辅助活动中，中华美食则作为综合实践活动来实施，如表4-9所示。

表4-9　传统技艺课程辅助活动实施表

传统技艺课程名称	相对应的课程辅助活动	实施年级
葫芦丝	艺术辅助活动	三至六年级
围棋	体育辅助活动	一至六年级
书法	书法辅助活动	一至六年级
国画	艺术辅助活动	五、六年级
武术	体育辅助活动	一至六年级
中华美食	综合实践活动	三至六年级

艺术辅助活动包括葫芦丝和国画课程，三至六年级进行葫芦丝教学，五、六年级进行国画教学；体育辅助活动包括围棋和武术课程，分上、下学期交替进行教学；书法辅助活动贯穿一至六年级；中华美食课程则从三年级开始利用综合实践活动进行教学。这种定时、定员的科学统筹规划，使得国家政策、地方政策与学校课程建设有机结合，充分保障了学生的学习活动时间，也彰显了学校的办学特色，是课程可行性的基础，也是对课程的完善，解决了传统技艺课程化的首要问题。

二、传统技艺课程目标与内容的全新建构

开设传统技艺课程，应明确课程设置的总目的；对于传统文化教育，应反思传统文化教育的目的是什么。除了国家发展战略的需要，传统文化自身的价值是决定性因素。

《文化学概论》这样写道："文化的继承使人类可以通过文化的继承而达到累积的目的，从而使人类文化无比丰富多彩，并为文化创造提供了充足的营养，使人类一步一步走向辉煌。"简而言之，文化具有传承性和时代性，文化的发展要以继承为前提，文化的继承能促进文化的发展和进步。传统文化的价值，首先就在于规定了我们民族生存和发展的先决条件，赋予我们作为一个中国人的特定内涵。这里的先决条件不是指纯自然的条件，如有怎样的矿物资源、宜农还是宜牧的气候等，而是指显现我们本质的对象化东西，如生产力水平、社会组织的方式、生活处事的态度等。这些通常被称为民族特色和国情的东西。①

无论是让学生在传统文化教育中找到文化认同感、民族自豪感，还是培养民族自信，提高国民素养，都需要在传统文化教育中重建文化的主体意识。但是，我们在反复教育实践的过程中也深刻感受到西方文化给我们传统文化带来的强烈冲击。在东西方文化的强烈碰撞之下，我们不可避免地面临传统文化的尴尬境遇。如何让传统文化走出困境，让学生由外及内地领悟传统文化，学校提出了"文化浸润，生活育人"的指导思想。希望通过传统技艺课程里的经典人文的浸润，将传统文化与学生生活紧密相连。学校的最终目的不是培养有特长的学生，而是让他们在传统文化的浸润中，夯实中华根基，从而成为一个真正的人。学校根据学生的认知规律拟定的传统技艺课程的目标和课程内容，如表4-10所示。

① 郑敬高．寻找传统文化的价值[J]．开放时代，1997(2)：25.

表4–10　中华路小学传统技艺课程目标和课程内容安排表

课程名称	课程目标	实施年级	课程内容
葫芦丝	丰富学生课余生活，拓宽学生艺术视野，培养学生对音乐的兴趣，活跃校园文化生活；了解并学习传统民族音乐，提高音乐素养；在合奏训练中培养集体合作意识	三年级	1.葫芦丝概述； 2.葫芦丝各部分名称及构造，常用记号； 3.葫芦丝演奏的姿势和基本吹奏法； 4.全按作“5”指法练习，初级练习曲与乐曲； 5.气息控制练习——长音练习、连音练习； 6.相关的练习曲乐曲《小宝宝要睡觉》《北风吹》； 7.演奏曲《我和你》《打水姑娘》； 8.欣赏《有一个美丽的地方》
		四年级	1.全按作“5”指法练习； 2.单吐练习、换气练习、活指练习； 3.相关的练习曲乐曲； 4.演奏曲《婚誓》《金孔雀轻轻跳》《大海》； 5.欣赏《北京欢迎你》《梦中的小竹楼》
		五年级	1.全按作5指法练习； 2.单吐练习、换气练习、活指练习； 3.相关的练习曲乐曲； 4.演奏曲《金孔雀轻轻跳》《苏木地伟》； 5.欣赏《新疆舞曲》《草原上》
		六年级	1.双吐练习、滑音练习、虚颤音练习； 2.《马兰花开》片段、《桔梗谣》、《友谊地久天长》、《阿里郎》片段； 3.相关合奏练习曲； 4.演奏《有一个美丽的地方》《月光下的凤尾竹》； 5.欣赏《金风吹来的时候》《月光下的凤尾竹》
围棋	学习棋史、棋品、棋道、兵法等内容；吸收中华传统文化的精华，提高学生思维能力；增强抗挫精神，在围棋学习中得好友、得人和、得教训、得心悟	一年级	围棋文化与基本规则
		二年级	吃子方法与行棋常识
		三年级	布局围地与对杀攻防
		四年级	打入侵消与中盘作战
		五年级	攻击时机与治孤防守
		六年级	围棋定式与收官作战

续表

课程名称	课程目标	实施年级	课程内容
书法	养成良好的书写习惯，稳步提升书写能力；感受祖国汉字和中华书法的魅力；了解历代名书法家的成就、历史地位；初知书法发展轨迹，提高审美情趣和人文修养	一年级	硬笔书法：学习使用铅笔书写，写字姿势正确，养成良好的书写习惯。让学生掌握汉字的基本笔画及常用的偏旁部首，能在田字格中用铅笔写楷书
		二年级	硬笔书法：掌握汉字的框架结构，把铅笔字写端正、规范，养成良好的书写习惯。让学生初步感受汉字的形体美，体会写字的乐趣
		三年级	硬笔书法：学习使用钢笔书写，掌握执笔要领，在小字格中书写楷书，做到格式正确、规范、整洁
		四年级	硬笔书法：强化学生钢笔字练习，力求美观，养成良好的书写习惯，逐步提高书写速度； 毛笔书法：学习用毛笔书写楷书，初步掌握起笔、行笔、收笔的基本方法，利用米字格把握间架结构，学会临摹。了解古代书法家的故事，激发学习书法的兴趣与热情
		五年级	硬笔书法：运用横线格进行成篇的钢笔书写练习，力求行款整齐、美观，有一定书写速度； 毛笔书法：学习欣赏书法作品，尝试临摹楷书经典碑帖，体会其书写特点，逐步提高临摹能力。了解条幅、斗方、楹联等常见的书法作品幅式。让学生养成先仔细观察、认真思考，再动手书写的好习惯
		六年级	硬笔书法：学习简单的章法，尝试完成硬笔书法作品。定期展示学生的硬笔书法作品，做到“人人参与，人人成长”； 毛笔书法：通过欣赏经典碑帖，了解书体的大致演变过程，初步感受不同字体的美。留意生活中的书法，培养书法应用意识

续表

课程名称	课程目标	实施年级	课程内容
国画	感受墨色线条的韵味、传统宣纸的浸染和五彩颜色的碰撞，培养和提高想象力、创造力；浸润水墨画的文化属性，学会品味传统美学的意象之美；提升艺术修养、审美情趣、人文精神	五年级	1. 初步感知国画的基本技法（传统）：《墨竹》《金鱼》《兰花》《枯树》； 2. 了解国画背后的人文故事； 3. 开展主题性国画创作
		六年级	进行水墨游戏教学（创意）包括《青花瓷》《戏曲脸谱》《奇异的太空》《孔雀羽毛》《夏日荷塘》《慵懒的芭蕉》《龙舞人欢》《毕业创作》
武术	初步了解中国武术的起源和发展；学会基本的武术套路，在强身健体的同时提升精气神；养成尊师爱友、勤学苦练、自律守规、自信自尊、勇敢坚毅等民族传统武德	一年级	武术文化与基本功
		二年级	基本动作与武术操
		三年级	五步拳
		四年级	组合动作
		五年级	少年拳第一套
		六年级	少年拳第二套
中华美食	了解中华美食文化的历史渊源、传统饮食习俗；学习一些家常菜、特色糕点的制作过程，掌握一些简单的制作技巧；学习与饮食相关的礼仪文化，将美食文化融进生活	三年级	花好月圆：芋头沙拉泥 岁岁重阳：土豆创意 年年冬至：鸡蛋创意 瑞雪迎新：汤圆 仲春之月：清炒豆苗 清明踏青：蛋煎馒头 立夏时节：蔬菜沙拉 粽香端午：蒸蛋糕

续表

课程名称	课程目标	实施年级	课程内容
中华美食	了解中华美食文化的历史渊源、传统饮食习俗；学习一些家常菜、特色糕点的制作过程，掌握一些简单的制作技巧；学习与饮食相关的礼仪文化，将美食文化融进生活	四年级	花好月圆:绿豆糕 岁岁重阳:南瓜创意 年年冬至:西红柿创意 瑞雪迎新:抄手 仲春之月:香菇菜花 清明踏青:煎鸡蛋 立夏时节:紫薯芋圆 粽香端午:蔓越莓饼干
		五年级	花好月圆:糯米糍粑 岁岁重阳:养生粥系列 年年冬至:胡萝卜创意 瑞雪迎新:水饺 仲春之月:香椿炒蛋 清明踏青:菠菜蛋饼 立夏时节:凉拌菜系列 粽香端午:抹茶蛋糕卷
		六年级	花好月圆:冰皮月饼 岁岁重阳:紫薯创意 年年冬至:豆腐创意 瑞雪迎新:糯米八宝饭 仲春之月:蒜薹炒肉丝 清明踏青:葱油饼 立夏时节:消暑冰粉 粽香端午:包粽子

三、传统技艺课程中体验式教学的重要作用

在积极倡导转变学生学习方式的当下，重视学生的亲身实践与体验感知已成为教育界的普遍共识。学生通过这种方式习得的知识才有灵活性。针对传统技艺课程的实际特点，学校提出了“传统技艺体验式教学”的四大基本步骤：文化引路—自主实践—合作实践—评价分享。每一个传统技艺课程都是

博大精深的传统文化的缩影。传统技艺的背后有技艺发展的历史背景、历史名人、历史名作等,在“文化引路”这个步骤中通过对这些资料、信息的收集,可以丰富学生对传统文化的认识。在自主实践环节,教师通过目标任务驱动,引导学生发挥自己的创造力和想象力进行自主体验:国画可以通过各种笔触帮助学生体会水墨变化带来的美感;葫芦丝的实践可以让学生体会气息长短、力度对音色的影响;围棋可以在不同棋局中找到不同的克敌制胜的方法;武术则是通过亲历、模仿逐步体会身心合一的境界;书法则在一笔一画间让学生领悟方圆、动静、规矩。学生最喜欢的美食课程是需要自主实践的课程。学生通过家常菜和创意菜的结合,逐步去感知各种食材的特性。在合作实践阶段,可以根据各个传统技艺课程不同的特征,组织小组合作体验活动,如小组葫芦丝合奏、小组围棋竞赛、小组武术学习及表演、小组合作美食实践、小组水墨画体验活动、小组书法体验活动等。这些活动中有的是校内的竞赛,有的是课堂上的实作练习,有的是课外的参观体验活动。学校希望通过丰富多彩的合作实践活动,引领学生真正将传统文化内化于心。我们是这样想的,也是这样做的。以下是一些教师在教学中的实际体会:

写生是国画教学中必不可少的一部分,虽然并没有过多地给学生讲解国画的技法,但是要想让学生掌握基本的国画技法,最好的办法就是引导学生到生活中写生。写生能让学生更细致、更深刻、更具个性地认识事物,让学生在写生的过程中自我体验,感受物象的多样性与丰富性。把熟悉的景物变成水墨画,提高学生对客观物象的认识和表现能力,充分体验国画写生的乐趣。

——重庆市渝中区中华路小学教师　刘一彤

我在课堂教学(如“彩墨游戏”一课)中,让学生到游戏中去发现彩墨与宣纸产生的一种特殊变化。通过游戏,感受彩墨画的乐趣,激发学生热爱民族艺术的情感;通过示范,帮助学生对国画简单的技法有所认识,再让学生分析自己应如何来完成一幅有趣的作品;通过练习,最后要求全班同学在一张长卷上共同完成一幅画。这时学生的自主性得到发挥,同学间的协助精神得到培养。通过共同作画,学生能够相互取长补短,绘画水平得到提高,同时学生的绘画兴趣也越来越高。

——重庆市渝中区中华路小学教师　李滢滢

“创意盘中餐”活动充分发挥了学生的自主性，从准备食材到收集创意炒饭的资料，学生都亲力亲为。这一过程不仅让学生熟悉了炒饭的制作方法，而且也提高了他们的创意水平。在实际操作中，大多数学生都清楚了炒饭的制作方法，每组也有自己的创意特色，较好地完成了自己的美食作品。炒饭虽然简单，但想让炒饭香味四溢却不容易。虽然各组学生完成了自己的美食，但在味道上还有提升的空间。希望学生能够在生活中多尝试、多练习，用心、用爱做美食，爱上美食！

——重庆市渝中区中华路小学教师　齐瑞

这一次美食研究课和以往的美食课一样，我们在前期了解了当月当季的应时蔬菜，明确本月所需要实践操作的美食内容；通过自我操作，熟悉这道菜的制作流程；再经过汇报交流、宣传展示等环节的组织和学习，最后到实践操作。各环节内容充实，节奏适当，有效地实现了通过活动促使学生在知识、能力、情感态度等方面都有所收获的教学目标。

——重庆市渝中区中华路小学教师　张潆丹

提高美食实践能力，功在平时，得在日常。在美食制作实践中可以开展亲子活动，让家长们陪伴孩子一起来学习烹饪，让孩子在家长身上学习到一些简单的、可操作的烹饪技能，这样可以帮助他们提高基本的动手能力，了解基本的操作常识。同时也能加强两代人之间的沟通交流，增进亲子关系。每个孩子的动手能力都得到提高，整个小组的动手能力才能得到提高，在实际操作中遇到的问题也才能越来越少。爱生活，爱美食，因为爱，所以需要在生活中仔细学。

——重庆渝中区中华路小学教师　夏娟

因我校开设书法课程的年段不同，书法教学应因材施教，因时施教，把握各个年龄段学生的情感认知。高段教学侧重点在学生对力度、形态的把握，讲求整篇字的和谐，重点在规。同时，要知道如何排列字形，如何统一整体，再到如何欣赏书法作品，如何保护书法类文物。低段教学着重在学生对标准的认知，讲求书写中的纪律、习惯，重点在矩。从摆放笔墨纸砚到一笔一画书写端正沉稳，再到清洗工具，整理归位。俗话说：“一点乃一字之规，一字乃终篇之准。”

——重庆市渝中区中华路小学教师　南燕

四、传统技艺课程中差异性评价的运用

1983年，美国哈佛大学教育研究院的心理发展学家霍华德·加德纳提出了多元智能理论，将人类的智能分成8个范畴：语言、逻辑、空间、肢体运作、音乐、人际、内省、自然探索。加德纳的多元智能理论强调学校除了应引导受教育者发展各方面智能外，还需要注意每一位受教育者也许会在某些智能表现上尤为突出。

传统技艺课程遵循了加德纳的这一理论，在教学评价中积极使用差异性评价，希望让每一位学生都能获得发展。我们让教师时刻树立“文化浸润、生活育人”的思想，并在这种思想的指导下，以学生的自我成长为评价的主线。一方面，我们努力引导那些有某方面技艺特长和爱好的学生向更精深的知识技能和创新实践挑战。另一方面，我们也鼓励那些在自己原有基础上有进步的学生实现最基础的目标。我们的差异性评价体现在以下三个方面：第一，教师践行“人人参与、人人发展”的理念，课程开始之初摒弃先入为主的思想，积极去发现学生在学习过程中呈现出来的闪光点；第二，重视课堂实践中的即时性评价，不以相同标准去衡量学生的学习效果，肯定其在原有基础上的进步；第三，给予全体学生展示的平台，让每一位学生都收获成功。以下是一些教师在教学中的实际体会：

两年里，我和孩子们一起在每周的课上进行葫芦丝的吹奏学习。我们从最基本的音阶入手，现在已经会吹奏不少简单的小乐曲了。每一次看着他们认真地练习，我都非常感动，在他们身上看到了努力的光芒。为了便于学生更好地解决吹奏的问题，我让他们自由组合成小组，在小组中进行练习和互相学习。通过小组成员的帮助和自己的努力，最终他们在班级小舞台上成功演奏了葫芦丝。在这种合作学习中，孩子们的合作能力得到了锻炼，同时也能让他们大胆地展示自己，收获自信。两年间，在学校的各种交流、展示、比赛活动中，都有孩子们吹奏葫芦丝的身影，获得了来校参观的领导、老师、家长们的一致好评。孩子们在葫芦丝的学习中，也熟悉了很多中国民族乐曲，拓宽了他们的音乐文化视野，为养成良好的公民素养，了解传统文化打下了坚实的基础。在未来的葫芦丝学习中，我将会引入更多的中国传统经典音乐，让孩子们在丰

富的音乐世界里遨游，获得高质量的音乐享受！

——重庆市渝中区中华路小学音乐教师　刘佳

在武术课堂教学中，为了让每个学生能更好地学习和掌握动作，我在示范时，在保持武术的运动风格的基础上力求做到动作的准确。在讲解上简明扼要，讲清每个动作的特点、作用、攻防意义、路线和连接部位，以便于学生准确地做好动作。同时，在示范和带领学生集体练习时，还要随时调整自己的位置，让全体学生都看得清，并随时给予口头提示。武术教学对教师提出了很高的要求，上课的教师经常是满头大汗，连着几节课下来，衣服湿了又干、干了又湿。但是，心血是没有白费的。

——重庆市渝中区中华路小学体育教师　胡庆

从这节课中，我们可以看出学生是非常喜欢葫芦丝的。这体现在他们学习时的积极性和主动性，以及对这首乐曲旋律的喜爱。喜爱是一种态度，但学不学得好又是另外一回事。比如：指法要正确，首先要找到对应的音孔，指腹要完全盖住音孔。如果指腹盖不好，吹出来的音就不准，有时候还会出现咕咕声。及时告诉学生这些情况，他们就知道问题出在哪里了。有的学生领悟能力较强，自己吹会后，老师还可以要求他们辅导旁边的同学。同学之间互动起来，整个课堂就活跃起来了。

——重庆市渝中区中华路小学音乐教师　袁蓉林

从中我们不难看出，只要我们尊重学生的差异，合理组织教学、开发教学内容，给予每一位学生展示的平台，学生对传统技艺课程的学习兴趣就会非常浓厚。

五、传统技艺进课程给师生带来的改变

在传统技艺课程的探索过程中，学校从最初茫然地模仿、机械地照搬，慢慢走出自己的路子，形成了鲜明的特色。“文化浸润、生活育人”这一理念的形成，是我们在无数次研究和探索中得出的结论：我们不是通过传统技艺去培养特长、培养工匠，而是要为我们的学生打上传统文化的底色。

这一理念的确立为教师指明了方向，教师们积极紧扣这个理念去思考和探索。学校连续两年开展微课题申报活动，教师们基于前期教学经验的积累，将一些困惑和难点进行了罗列，在此基础上，形成研究课题并申报，再通过现

场汇报和答辩解读所申报的课题。学校组织专家和部分教师对教师的微课题进行评审。近两年学校共有九个微课题申报成功,其中有三个微课题就是关于传统技艺课程的。就这样,教师们自觉走上了校本教材研发的道路。

音乐老师蒋薇是这样思考的:“在这几年的音乐教学中,葫芦丝、竖笛进课堂已成为我校音乐教学改革的一个重要研究方向,同时也是学生学习音乐的重要艺术实践。而器乐(葫芦丝、竖笛)校本教材的编写,使器乐教学进一步得到系统的完善,既能让教师有本可依,也能满足学生的学习需要。让我们在教学中不断创新,充分发挥器乐的作用,让学生积极地、快乐地参与到音乐学习中,主动地、创造性地感受音乐,表现音乐,从而有效增强整个音乐教学的效果,全面提高学生的音乐素质。”

传统技艺进课程最大的受益者无疑是学生。通过近几年对传统技艺课程实践的观察,我们发现学生对传统技艺课程的喜爱程度超越了基础学科。课间我们随处可以听到吹奏葫芦丝的声音;每一次的美食实践课,学生可以不用教师提醒就带齐所需的食材;每一次全年级的书法、国画展示活动都能吸引不少的学生和家长参加;全年级武术表演更是在每一次家长开放活动中彰显着与众不同的霸气;学校围棋竞赛也吸引着各班的小棋手踊跃参与。

2018级2班的学生周英姿这样说道:“我每天都很努力地练习,现在已经可以吹很多曲子了。我常常在晚饭后吹上几曲,有爸爸喜欢的《天空之城》《茉莉花》,还有妈妈爱听的《我和你》,等等。看到他们陶醉其中,含笑拍手的样子,我真是开心啊!我爱葫芦丝,因为它给了我自豪和快乐,令我和家人的生活更加多姿多彩!”

2016级2班的学生周静宜对围棋有这样的认识:“围棋教室外,你听到的只有‘嗒嗒’的声音。没错,这就是同学们专心致志下棋的证明。那声音好像有魔力,从里面你似乎会听出一些思考、一些后悔、一些不甘。每一步棋都是一步远见,一旦一步走错就没有挽回的机会了,你只能无可奈何地看着对手得意的样子。棋,是智慧的代表,智慧在这里流传了下去。”

通过美食实践课上的包粽子活动,2017级6班的学生李冰雨发出这样的感叹:“包粽子的经历,是我成长中非常难忘的一个经历。它让我明白了人生的道理,并且让我体会到自己劳动换来的成果是多么可贵。虽然粽子的身体不大，它却传承着我们中国的传统，让一家人的心紧紧相连。”

可以这样说，传统文化不仅进入了我们的课程，更进入了教师和学生的心里，我们以这样的实践和探索，将传统文化传承下去。

六、传统技艺课程的实践反思

在传统技艺课程的实施中，我们也有很多亟待解决的实际问题，比如师资问题。近几年，为了推行传统技艺课程，学校在师资配备上有针对性地引进了一些人才，如国画、书法等专业的毕业生。目前，学校有国画专业教师两名，书法专业教师一名，但这肯定满足不了全校传统技艺课程的教学要求。对于葫芦丝、武术、围棋、美食实践等课程，我们只能从有相关特长、爱好的教师中选取。因此，如何合理运用现有师资，成为我们要思考的一个重要问题。我们首先采用的办法就是边学边教。比如葫芦丝课程开设之初，我们外聘一位葫芦丝老师先试教，音乐老师走进外聘教师的课堂与学生一同学习。同时，也派出葫芦丝老师参加市、区有关葫芦丝教学的培训。这种边学边教的方式成为最基本的也是最有效的方法。但边学边教只是技艺上的传授，我们希望在师资培训上更多去关注这些实施传统技艺课程的老师的“文化味”。要让学生有文化认同感，教师首先要有强烈的文化认同感。有了“文化味”，再结合自己习得的传统技艺，才能为学生提供一个立体的传统技艺的学习体验，从而真正给学生带来对传统文化的归属感和认同感。

在校本教材的研发上，要想每一本教材同时开花，这是不现实的。我们的做法是成熟一个推一个。这里的成熟指教材的体例和内容是在反复实践以后，具有鲜明特色，符合学生的心理特点、认知规律，教师在使用时有良好的可操作性，而不是一些内容的杂糅。这样有计划、有步骤、科学地进行校本研发也不会加重教师们的负担。目前，我们要重点推出的是美食实践和葫芦丝这两门传统技艺课程的校本教材，其他课程教材还在研发中。

最后，传统技艺课程的实施需要保持一贯性、持续性，不能盲目跟风。希望学校在这条路上走得极为坚实，为发扬优秀传统文化，实现中华民族伟大复兴做出努力！

教学案例一

感受中华传统文化，渗透公民素养教育

重庆渝中区中华路小学教师　王雨航

中国古代文人四友——“琴、棋、书、画”中的棋指的就是围棋，它是古人修身所必须掌握的技能之一，传为尧作，至今已有上千年的历史。它蕴含着中华民族文化的丰富内涵，是中国文化与文明的体现。围棋运动虽然以静为主，但却是执棋双方体力、脑力、毅力等综合能力全方位的较量，其紧张激烈的程度一点儿也不亚于田径、球类等运动项目。棋虽是运动项目，但要求下棋双方必须静气凝神，非常有利于培养学生专注思考的良好学习习惯，因而围棋课程是我校公民素养教育与传统文化教育很好的一个结合点。

结合近年来在全校广泛开展的围棋教学工作，我们制订了“让每一个孩子都感受到中华文化的博大精深，让绝大部分孩子爱上这门古老的文化技艺，让一小部分天资聪慧的孩子学有所成”的课程教学总体目标。从低段围棋礼仪及规则的学习到中段布局围地及对杀攻防的学习，再到高段围棋定式及收官的学习，循序渐进地将孩子引入一个奇异绚烂、充满无穷变化的黑白世界里去体验探索、体验中华文化的思想精髓。下面我以一个教学案例来说明如何在围棋教学中渗透克服困难、解决问题的基本公民素养教育。

如图4-1所示，白棋先手下在哪个位置的价值最大？

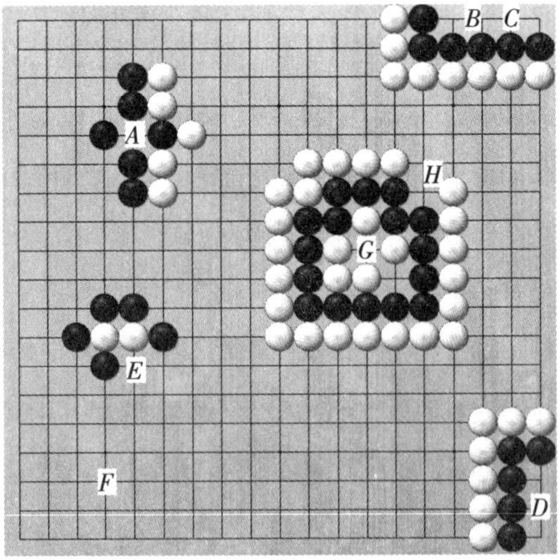

图4-1　围棋课程教学案例

这是一个非常开放的见仁见智的问题，在不同棋力水平的学生眼中会有不同的答案。图中给出的8个参考点都各有其落子的理由，但从全局考虑其价值意义却各有不同。教学中先让学生小组讨论，各抒己见，自己选择落子点的理由，再引导学生找出相关联的两个点分类比较。

*E*点逃命不可取，*F*点引征是妙手。

初学棋的学生往往无法容忍自己有棋被对方吃掉，只要有一线生机就要不管不顾地走到底，在*E*处落子显然是想救出被围的两子，但此时的两颗白子已陷入被“征吃”的状态，只要对手不犯错一直“扭羊头”，就会被对手逼到边上一网打尽，走得越多损失越大。正确的做法是在*F*点或*F*点的附近落子“引征”，迫使对手在*E*点提掉自己的两子，从而获得在边上连走两手棋的优势。此时可引导学生明白：“在自己处于非常不利的情况下要学会主动放弃（引征弃子），不能只顾眼下痛快就一条道走到黑。或者暂时放一放，静待局势发展再做打算也是一个不错的选择。”

*A*点杀棋无意义，*H*点着手是好棋。

对于围棋死活的基本棋型学生应烂熟于心，*A*点的黑棋是“直四”活棋，*H*点的黑棋是“直三”后手活，因此在*H*点抢先落子就能一招制敌，全歼对手5子，而在*A*点落子后对方只需应一手棋就能做到“两眼活棋”，如不是“打劫”需要*A*点落子就是毫无价值的，反而主动失掉一个很好的“劫材”。此时又可引导学生明白“在选择进攻点上要做到有所为有所不为，先从成功把握大的事做起，不能把对手当傻瓜，自作聪明的后果往往是得不偿失”的道理。

*B*点“打劫”棋太小，*G*点占角实惠多。

棋局中每落一子价值的大与小，取决于它在整盘棋中影响力的大小，“切莫贪吃走小棋”就说明了这样一个基本棋理，*B*点落子虽能吃掉对方一子，但对全局几乎没有什么影响，而在*G*点处“点三三占角”做活，少说也有10子以上的实惠可捞，所以与其争夺一子的得失不如另辟蹊径从头开辟新天地来得更实在。

*C*点杀棋留隐患，*D*点自绝占先机。

记得著名武侠小说家金庸先生的《天龙八部》一书中，有一局著名的珍珑棋局让读者流连忘返。书中写道：逍遥派掌门人无涯子花整整三年的时间摆出一个“珍珑棋局”，并命弟子苏星河当擂主，让天下英雄来破解。可是悬赏30年，黑白两道的高手均无人解得，最后，棋局竟然被虚竹和尚闭着眼睛以自杀一大块解放全局的手法胡乱撞开。上图棋局中C点虽是紧杀16颗黑棋的要点，但黑棋可以通过在D点“打劫”苦中求生，如白棋先在D点“自填一气”做成“花聚六”棋型，黑棋就算先手提掉6颗白子，也难逃被全歼的命运。这看似“自杀”的一步“臭棋”实际上却是暗藏杀机的一步妙招，其中蕴含了“得便是失，失便是得”的道理，足以让学生感受中华文化的妙。

通过以上的棋局棋理分析，引导学生在操作实践中体会和感受做人做事的道理，学会遇到问题先要冷静分析，抓大放小有条理地解决问题的思想方法，在不知不觉中感受中华传统文化，渗透公民素养教育。

教学案例二

舌尖上的春天——蒜薹炒肉

重庆渝中区中华路小学教师　钟雯

一、教学目标

1.了解春季时令蔬菜。

2.了解蒜薹的食用及养生价值，学会养生，关注生活，热爱生活。

3.掌握蒜薹炒肉的烹饪方法。

4.培养团结协作的劳动精神，培养劳动审美意识与能力。

二、教学重难点

动手合作，制作菜肴，摆盘装饰。

三、教学准备

教学用具：PPT、视频。

四、教学过程

第一课时

地点：教室

提问导入：又到了春暖花开，万物复苏的季节。在这个季节里我们的餐桌上会有一些“新朋友”出现。你知道有哪些是春季的时令蔬菜吗？（葱、春韭、菜心、茼蒿、莴苣、豆苗、蒜苗、春笋等）

设计意图：让学生了解每个季节都有不一样的蔬菜，而春季时令蔬菜多以绿色为主，让学生热爱美食的同时也要关注生活。

师：我们今天将要了解其中一种蔬菜——蒜薹。（出示PPT）我们来了解一下蒜薹的食用及养生价值（含有丰富的维生素、氨基酸、蛋白质、大蒜素和碳水化合物，它所具有的蒜香能增加菜肴的香味，能促进血液循环，有健胃、祛寒、杀菌、祛病、健身之功效）。

设计意图：一种食材，我们不仅要了解怎样吃它，还得了解为什么要吃它，健康饮食才是最适合我们小学生的。

师：蒜薹能做什么菜呢？（出示菜谱）原来蒜薹与肉丝最搭配。

设计意图：食材与食材之间讲究融合与搭配，只有搭配得当才能体现出食材的价值。

分组活动：确定分工，准备食材及配料。

设计意图：学会合作，也是美食课的主旨之一，不一定每一个人都能做美食达人，但一定要全力参与，力所能及地完成自己的任务。

第二课时

地点：美食教室

1.学习蒜薹炒肉的制作方法。（师展示）

（1）切肉丝。选用里脊肉或腰柳肉250克，洗净，按肉的纹理先片成薄片，再切成丝，装盘备用。

（2）切蒜薹。蒜薹洗净，按一定长短切好，装盘备用。

（3）勾芡。将芡粉用水调制成糊状放入肉丝中，用手调匀，放少许盐提味。

（4）炒制。冷锅热油，达到温度，放入肉丝快速翻炒，待肉六成熟后放入蒜薹继续翻炒，直至炒熟，起锅。

（5）摆盘。创意设计。

设计意图：言传身教，教师的教授显得尤为重要。用刀、用火都存在着一定安全的隐患，只有一步步按照要求进行，才能做出色、香、味俱全的菜。

2.学生动手制作，相机指导。

设计意图：动手制作，是学生最欢乐的时光。难免在关键问题上把握不好"度"，教师的相机指导就能及时解决这个问题。

3.创意摆盘，大功告成。

设计意图：因每组的菜谱是同样的，怎样"求同存异"呢？创意摆盘给了孩子们无限空间。以“春”为题材，孩子们运用各种蔬菜水果，把原本单调的菜变得生动鲜活了。

4.收拾教室，有始有终。

教学反思：

制作蒜薹炒肉并不是一个复杂的过程，其难度在于：(1)切肉丝。怎么把肉丝切得均匀，大小一致。在这一问题上，家长也提出了比较好的建议：把肉块放进冰箱冷冻，冷冻到五至六成时，是比较好切肉的时候，这也解决了孩子们的第一个难题。(2)勾芡。芡粉太多，会造成肉丝的口感较老，而芡粉太少又起不了作用。为此，我们特意请教了食堂的老师傅。他为我们推荐了红薯粉，并让我们先把红薯粉和水调制好后，再放进肉丝调和，而“量”一定是由少到多的。这又解决了孩子们的第二个难题。(3)火候。老师傅提醒我们，炒肉丝一定是热锅冷油，并把油加热至七成，才开始爆炒。这一基本常识也保证了孩子们的顺利制作。也就是说，所有的成功都是在充分预想孩子们的困难，并找到方法为他们解决困难的基础上完成的。

在这堂课上，孩子们做得最好的是创意摆盘环节。以“春”为题材，孩子们运用各种水果与蔬菜，摆出了“百花争鸣”“春意盎然”“小鹿游春”“小兔踏青”等造型，给简单的蒜薹炒肉赋予了生命与活力。各种颜色的和谐搭配，将“色”表达出了新的高度。

这堂课不仅仅让孩子们学会做一道菜，实际上也是对学生的实践能力和合作能力的培养。让他们爱上美食的同时也能爱上生活。

第三节

传承美德

——修身课程

2012年11月，党的十八大明确提出“三个倡导”，即“倡导富强、民主、文明、和谐，倡导自由、平等、公正、法治，倡导爱国、敬业、诚信、友善，积极培育和践行社会主义核心价值观”。所谓“道不可坐论，德不能空谈”，社会主义核心价值观的践行要依托于有效的载体。重庆市渝中区中华路小学创建于1911年。在学校百年华诞之际确立了“公民素养教育”的特色定位，并提出了“知行合一，养成公民”的育人理念。基于对校情、生情的反复研究和论证，我校创设了培育公民素养的重要载体——校本课程“修身”。

修身课程是我校创设的德育类课程，隶属于语文与品德课程群。它以我校学生的现实生活为基础，遵循“公民素养教育”德育主题序列，旨在践行社会主义核心价值观，并融入中华传统节日文化，着力培养学生“懂礼仪、会合作、知感恩、讲诚信、乐公益、观时政”的公民素养。

修身课程的教材由学校组织各年级优秀班主任、语文教师、道德与法治教师共同编写。它结合了我校公民素养教育六个年级段的德育主题，既是对道德与法治课程的有力补充，又凸显“公民素养教育”的校本特色。修身课中每个年级配备一册教材，聚焦一个德育目标，涵盖八个教育主题。每周一课时，每学年一次年级主题展示活动。一年级以礼仪为核心内容，既有校园生活礼仪，也有家庭社会礼仪。二年级引导学生感悟合作的意义，知晓合作的方法，感受合作的快乐。三年级激发学生的感恩之心，不仅感恩身边的人，也要感恩学校、祖国、自然。四年级将诚信与责任、公德、法治相联系，充分体现了当前的教育热点。五年级激励学生参与校内校外的公益活动。六年级引导学生实现社会性发展，而“不一样的毕业季”会帮助每一个走出母校的孩子为自己的小学生活画上一个圆满的句号。

每册教材中的每个教育主题分为六个板块。第一个板块，开课前言。由图片与前言引出本课所要讨论和研究的话题。教材的插图来源于学生学习生活。第二个板块，故事锦囊。课堂上孩子们带着问题听故事，深入思考讨论的话题。第三个板块，经典导航。教材内容不仅加入中华传统节日，还甄选了很多名人名言，让孩子们在诵读中潜移默化地改变自己的行为。第四个板块，达育论坛。具有创新性的达育论坛，让学生关注时事并通过广泛的社会调查，树立正确的世界观、人生观、价值观。同时，该板块将本课讨论的话题、社会热点问题作为论坛主题，让学生通过查、写、论、听、思、行培养公民素养。学生在论坛中充分表达思想，闪耀智慧，激情辩论，从而使真理越来越明晰。第五个板块，活动乐园。教材中的活动是从学校的精品活动中来的，是学生们喜爱、乐于参与的活动。第六个板块，评价板块。修身课程的评价是开放的、多样的和过程化的，它注重的是激励每个孩子的发展。

一、一年级：懂礼仪

礼仪是什么？礼仪是路上相遇时的微笑，是同学有困难时的热情帮助，是平时与人相处时的亲切，是见到师长时的问好，是不小心撞到对方时的一声“对不起”，是自觉将垃圾放入垃圾箱的举动，是看到有人随地吐痰时的主动制止……懂礼仪是一种品质，是公民修养的体现。

一年级修身课的总目标就是懂礼仪，其教育要点包括：尊重老师有礼貌，友爱同学礼谦让；右行礼让不推挤，轻声慢步靠右行；升旗肃立要行礼，齐唱国歌声洪亮；安静进餐不挑食，饭菜和汤全吃完；穿着得体显大方，着装礼仪我知晓；称呼长辈有讲究，师长为先我为后；一言一行讲文明，中华少年人人夸。通过八个教育主题，即课堂礼、课间礼、集会礼、用餐礼、着装礼、做客礼、出行礼、节日礼(传统节日:除夕),以及一个主题教育——“领巾飘扬,梦想起航”,对学生进行系统的礼仪教育,让他们了解规则,养成良好的行为习惯。

案例一:向国旗敬礼

一年级小朋友第一次参加学校的集体朝会,他们用扑闪的大眼睛注视着周围的一切,当看到解放军叔叔和五星红旗一同出现时,双眼更是发亮,知道马上就要进行升旗仪式了。

当主持人宣布升国旗、奏国歌时,几乎所有孩子都闭上了嘴,神情严肃起来,有的模仿着高年级的哥哥姐姐敬队礼,有的模仿解放军叔叔敬起了军礼,还有的像我一样敬起了注目礼。就在这时,一位小男孩大声地对周围的小朋友说:“我凭什么要敬礼?你又不是我妈,你叫我敬礼,我就敬吗,我偏不敬!”周围的孩子和我一样愣然了,我很快用手指了指嘴,又指了指国旗和眼睛,把大家的注意力引到升旗仪式上。而此时此刻,我的内心五味杂陈。

朝会结束后,回到教室,我和小朋友们讨论了升旗仪式上的这件事。我首先问他们:“升国旗的时候,我们该不该敬礼?”孩子们七嘴八舌地议论着,有的说:“该敬礼,是表示尊重!”有的说:“我们是中国人,升的是我们自己的国旗,要敬礼!”我又追问下去:“那我们现在该敬什么礼呢?”经过讨论,孩子们知道了:首先要保持安静,他们应该行注目礼。我把修身教材第三课中的故事锦囊——升旗仪式读给孩子们听,大家都听得很认真,还不时点点头。对于一年级的孩子,单单从文字上讲解还不够,于是我播放了一段中国女排在球馆热身时候听到播放国歌,女排立即中断训练行注目礼的视频给他们看,他们目不转睛地盯着屏幕,相信这一刻已深深地印在了他们的脑海中。

下课休息时,那位小男孩走到我的身边,低声告诉我:“老师,我以后一定会给国旗敬礼的!”看着他,我笑了,其实孩子们是单纯的、可爱的。他们难免会犯错,有些错误不是他们故意去犯,而是没有人去告诉他,他该怎么做。作为老师,引领他们朝正确的方向前进,是我的职责所在!

——重庆市渝中区中华路小学班主任　周琪

案例二：就餐礼仪我遵守

新学期，孩子们都长大了些，但在我面前仍有少许羞涩和胆怯，可能是慑于班主任的几分威严吧！经过一年的学习，孩子们已经能够自己盛饭、盛菜了，也养成了饭前洗手的好习惯，懂得礼让同学。然而，在老师没有在场的情况下，孩子们能做到井然有序地吃饭吗？

本学期第一次午餐时间，待我改完作业快步走到教室安排孩子们去吃饭时，发现教室里面有的孩子在叽叽喳喳议论什么，有的在座位上安安静静地等待，有的要飞奔去卫生间……见我来了，一个个机警、迅速地排好队，只是星稀零落的小队伍让我顿时火了。早上才强调了校纪班规，怎么一转眼就被他们忘得一干二净了呢，他们心中还有没有纪律观念？是否真正养成了知书达理的行为习惯？

要知道，这可是新学期的第一次就餐，午餐管理员似乎也还没有进入状态。等孩子们安安静静地坐在位置上等着受训的时候，我并没有教训他们，而是和他们一起重温吃饭的礼节。又是一天午餐时间，因为校内听课学习可能会耽误一点儿时间，我提前跟午餐管理员商量："陈老师今天中午可能不能按时到教室来看你们吃午饭……"话音还未落，两个午餐管理员赶紧说："没关系，有我们在呢！"我半信半疑地笑了笑。午餐时间到了，大概耽误了10分钟时间，我很好奇孩子们会是什么表现呢！走进教室一看，洗手的同学正在洗手，准备餐具的同学正在准备餐具，排队的同学安静有序地排着队，吃饭的同学一个个低着头，默默地吃着。我想，孩子们在进餐过程中的点点滴滴，说明他们在认真践行做一个文明用餐的小公民的约定！

——重庆市渝中区中华路小学班主任　周琪

二、二年级：会合作

俗话说：一人拾柴火不旺，众人拾柴火焰高。合作能放大每个人的能量，能使事情事半功倍。而合作也是人与人交往不可缺少的一部分。韦伯曾经说过："人是社会性的动物，只有在集体中才能更好地体现出人的价值，脱离了群体的人是没有任何社会意义的。"是的，我们无时无刻不置身于团体中，或大或小，我们从不曾孤单过。在与他人的合作中，我们能客观地认识自我、正确地认识他人。

二年级修身课的总目标就是让学生学会合作。其教育要点包括：取长补短共进步、分工合作效率高、你我同心享乐趣、自以为是引烦恼、课内课外需合作、我与家人共合作、社会无处不合作、传统节日思合作。这一学年，我们通过八个教育主题，即合作的伙伴、合作的学问、合作的快乐、合作的烦恼、合作的学校、合作的家庭、合作的社会、合作的节日（传统节日：端午），以及一个主题教育——“合作分享，快乐成长”，对学生进行系统的团队合作教育，让他们学会合作，懂得分享。

案例一：分工合作效率高

为了让学生的情感体验更加真切，我将数学课本中的“分工合作效率高”作为引子，让学生有情感初探，为之后的家长开放日活动奠定基础。

本学期的家长开放日活动拟定让孩子们通过合作的形式表演课本剧。当然，正式表演之前需要前期的认真准备和有效的分工合作。在教学中，让学生先回忆校园中关于分工合作的故事，了解《蚂蚁搬运西瓜》的故事，感受分工合作的重要性；再观看视频《三个和尚》，明白有效的合作往往能更加高效，让大家都受益的道理；最后让学生合作动手制作“我爱我班”的班级卡片，感受怎样才能合理分工，并在实践中总结合作的小窍门。让学生在学习中实践，在实践中明白道理，充分调动他们的学习兴趣。

本节课教学环节设计基本按照教材的几大板块进行，但每一个板块都有明确的目标，比如第一个板块就是通过讲合作的故事，引导学生明白什么叫合作。第二个板块读小故事，就是让学生明白合作的意义。最后两个板块是让学生在实践中领悟合作的要义，学会怎样有效合作。基于明确的目标、丰富的教学内容，层层推进，让学生一课一得，不仅要明白修身课所学的知识是和生活密切相关的，还要学会将知识运用到生活中去。

——重庆市渝中区中华路小学班主任　李莹

案例二：传统节日思合作

传统文化进课堂、进教材、进学生头脑，在拓宽学生国际文化视野的同时，打下中华文化的根基。《修身》校本教材结合了学校的六个德育年段主题：懂礼仪、会合作、知感恩、讲诚信、乐公益及观时政，同时还将中国六大传统节日融入课程之中。这样纵向、横向双向发展，既符合学生的年龄特点及世界观、人生观、价值观形成的规律，又能更好地帮助学生修身立德，达成公民素养教育的目标。

在教授"传统节日思合作"时，我结合了二年级的德育年段目标——会合作，通过形式丰富的小活动，带领学生走进端午节，在合作互助中感受节日，同时培养他们"会合作"的公民素养。

本课主要分为三大板块：传统节日图中猜、端午习俗我知道、分工合作我感受。在教学过程中，通过让学生看图片、看视频、知识竞猜、合作办小报等各种丰富的活动形式，充分调动了学生学习和参与的积极性。每一项活动的安排都做到明确目标、紧扣主题、层层推进、环环相扣，目标的设立尊重学生的起点，有梯度地层层递进，让学生一步一步有收获。个别环节涉及生活，让学生明白课堂和生活是紧密联系的，生活中的体验可以提炼到课堂中，课堂上学到的知识也可以运用于生活里。同时，在教学过程中，我时刻牢记勿先入为主，要尊重学生的个人体验，这样才能凸显课堂的民主性，营造教学互助相长的和谐课堂氛围。

——重庆市渝中区中华路小学班主任　李莹

三、三年级：知感恩

感恩是中华民族的传统美德，"滴水之恩，涌泉相报""谁言寸草心，报得三春晖"等，是祖先给我们留下的教诲。感恩是一种生活态度，是一种美德，也是一种最基本的公民素养。根据三年级学生的年龄特点，本年级团队巧用节日，结合学科教学开展了一系列"感恩父母"教育活动。教育学生怀着一颗感恩的心看待世界，带着感恩的翅膀学会自理、快乐成长。

三年级修身课的总目标就是培养孩子懂得感恩。其教育要点包括：各科学习要认真、祖国之最要牢记、校园活动乐参与、孝亲敬长见行动、节约资源能做到、生活自理要主动、友爱同伴要热心、时常微笑树信心。这一学年，我们通过八个教育主题，即感恩老师教导我、感恩祖国养育我、感恩母校培养我、感恩自然陶冶我、感谢父母疼爱我、感恩他人帮助我、感恩挫折磨炼我，以及一个主题教育——“护蛋行动 感恩亲人”，对学生进行系统的感恩教育，让他们学会感恩，懂得惜福。

案例一：我是护蛋小卫士

昨天老师给我们布置了一项特殊的任务：当一天的护蛋小卫士。所谓护蛋小卫士，就是将一枚生鸡蛋带在身上，精心呵护一天。

护蛋行动开始啦！早上，背好书包，我从冰箱里拿出一颗光滑的鸡蛋，小心地握在手中，出门了。一进电梯，我就看见有位叔叔用奇怪的眼神看着我手里的鸡蛋。我猜他一定是在想：“小孩子上学，带鸡蛋干吗？”

到了学校，我不再像平常那样跟同学一起跑进学校，而是小心翼翼地走着，离人多的地方远一点儿，生怕他们把我手中的鸡蛋碰碎了。我一路心惊胆战地走着，边走边想：“得给鸡蛋加个‘保护罩’才保险！”终于走到了教室。我把手中的鸡蛋轻轻地放进裤袋里，然后赶紧把书包放下，拿出一包纸巾，接着掏出鸡蛋，并用纸巾把我的蛋宝宝一层一层地包住，给它穿上厚厚的“盔甲”，不让它碰碎。

上课的时候，我一直把它放在抽屉里，再拿书把它挡住，不让它滚出来。下课的时候，我去上厕所，也把鸡蛋带上。它就像是我的孩子一样，我去哪儿，它也跟着我去哪儿。刚来到走廊，一群同学就冲过来，我急忙闪到一边去。还好我躲了过去，不然鸡蛋就碎了。回到教室，我把鸡蛋放到桌子上，同桌突然拿起我的鸡蛋玩。我连忙抢回鸡蛋，说：“别碰，这可是易碎物品！”

上午最后一节课，我们去学校大礼堂看童话剧，我自然也把鸡蛋带上。只有它在我身边，我才放心。我刚坐到位子上，四班的几个同学围上来，问：“这是什么呀？是鸡蛋吧？让我摸摸……”平时一向有“好人萧”之称的我第一次拒绝了同学们的请求：“不能摸！不能摸！”

这一天，我跳也不能跳，玩也不能玩，像尽职的老母鸡，谨慎地保护着自己的蛋宝宝。下午放学前，老师问："哪些同学的鸡蛋碰碎了？"哇，有七个人！我一直把鸡蛋保护到了晚上，我真希望它明天也不碎，那多好啊！

今天当护蛋小卫士真辛苦！这次活动让我明白了鸡蛋非常脆弱，一敲就破了。我们小朋友就像鸡蛋一样，无法保护自己，是父母给予了我们无尽的关心与呵护，日复一日，年复一年，多么不容易啊！以后，我们要少让父母操心，做一个孝顺懂事的乖孩子。

——重庆市渝中区中华路小学班主任　董瑶（供稿）

案例二："知感恩，懂回报"之家长感言

放学回到家，孩子很神秘地对我说："妈妈，老师让我们明天带一个鸡蛋去学校，要开展一个护蛋小卫士活动，看同学们能不能保护鸡蛋，直到放学都不会碎掉。"我一听觉得太有意思了，激动地对他说："妈妈相信你一定会保护好鸡蛋的！"第二天一大早，孩子就用纸巾把鸡蛋仔仔细细地包了一层又一层，然后小心翼翼地放在书包里，高高兴兴地去了学校。

一天的护蛋小卫士活动结束了，在回家的路上，孩子就滔滔不绝地讲起了他们在学校护蛋的经过，并说自己是一个胜利者，鸡蛋完好无损。还说这鸡蛋就像他的孩子一样，保护得太辛苦了！晚上吃完晚饭，孩子主动收拾起饭桌来，边收拾边说："一个小小的鸡蛋保护起来都这么困难，妈妈把我从小养大要付出多少心血呀！"我明显感觉孩子一下懂事了好多，在护蛋小卫士活动中体会到妈妈孕育的不易和养育的辛苦。这以后只要一起去超市去菜市场，孩子都会争着拎东西，还拍拍胸脯说他是男子汉，家里的事都应该替妈妈分担。

这次的护蛋小卫士活动，让孩子学会了感恩父母，懂得了做人做事要有责任、有担当。学校和老师对孩子们的感恩教育太成功了！

——重庆市渝中区中华路小学班主任　董瑶（供稿）

四、四年级：讲诚信

诚实守信，是我们中华民族的一种传统美德。诚信不仅是一种品行，更是一种责任；不仅是一种道德，更是一种准则；不仅是一种声誉，更是一种资源。

诚信是人际关系的精神纽带，也是人际关系的基本要求；诚信是高尚人格力量，更是公民的一项基本道德责任。《论语》有云，“人而无信，不知其可也”“言必信，行必果”。诚信是人的立身之本，是立国之本、是社会发展之本，其伟大精神早已深入人心，世代相传，并作为东方文明的精髓传遍全世界。四年级，正是孩子们人生第一个整十生日的重要时刻，也是树立正确的世界观、人生观、价值观的重要时机。

四年级修身课的总目标就是培养孩子讲诚信的好品质。其教育要点包括：真诚坦诚，恪守承诺；与人相处，讲究信用；自己错误，坦然接受；社会公德，一定遵守。这一学年，我们通过八个教育主题，即听孔子讲诚信、向书籍学诚信、在身边找诚信、思言行悟诚信、生活中的诚信、学习中的诚信、工作中的诚信、中华传统节日——清明，以及一个主题教育——“十岁生日，诚信奠基”，对学生进行系统的诚信教育，让他们从小学诚信、长大守诚信。

案例一：听《曾子杀猪》有感

今天修身课上我听老师讲了《曾子杀猪》的故事。故事里讲：曾子的妻子为了不让儿子缠着她，随口一说要杀猪给他吃。没想到，曾子回来后，便一本正经地杀起猪来，并告诫他的妻子不应为了哄孩子而撒谎。

曾子用他的言行告诉人们，要做好一件事，就应该言而有信，诚实无诈。记得有谚语说过“得黄金百斤，不如得季布一诺”，也就是说诚信很重要。从《曾子杀猪》这个故事中，我联想到了我的妈妈。她是个言出必行的人。有一次，妈妈答应我要给我过生日。可是因为手头紧，实在没有多余的钱给我买蛋糕过生日。我得知这个情况后，对妈妈说：“妈妈，没关系的，生日不要过了吧！”妈妈很不自在地搓了搓手，走进了厨房。事隔多日，我早已把此事抛到了九霄云外了。生日那天，当妈妈端着蛋糕来到我面前时，我凝视着那个蛋糕，怔住了……“佳怡，这是妈妈亲手做的蛋糕，祝你生日快乐！”妈妈笑着说。顿时，我觉得一股暖流涌向心头。妈妈真守信用啊！虽然它没有买来的蛋糕那样精致，却凝聚了妈妈对我的诚信和爱。

是的，我们要向曾子学习，人无信而不立。诚信更是开启心灵之门的金钥匙，只有诚信，才能使你交到更多的知心朋友。

——重庆市渝中区中华路小学2018级5班学生　方佳怡

案例二：拾金不昧在身边

诚信教育不单单在课堂上，它更重要的是让孩子们将诚信化为自身的品质，内化为自己的行为，做一个知行合一的合格公民。

2016年8月18日晚8点左右，中华路小学四年级(3)班黄宇翔同学游完泳，在回家的路上途经七星岗车站，拾得了一个男士挎包。黄宇翔同学打开一看，吓了一大跳，包里有一大摞现金和票据。他的第一个念头就是一定要赶紧找到失主！于是，他仔细在包里找失主的线索，可是包里并没有相关的证件。于是他赶忙报警，并在警察叔叔的帮助下将包和财物交到失主手中。拿到失而复得的包，失主王先生非常激动。他当时就拿出了两千元现金作为酬谢。可是黄宇翔同学婉言谢绝了失主。他的这一举动更是让王先生感动不已。第二天，王先生特地制作了一面锦旗送到学校，感谢黄宇翔同学拾金不昧的精神。《天天630》栏目听说后想采访黄宇翔同学，并准备对他的事迹进行宣传和报道。黄宇翔同学也婉言谢绝了媒体的采访，他说："这本来就是一件很小的事。在我们学校里也常常遇见，我只是做了我应该做的事。我想，如果其他同学遇到这样的事，也一定会跟我一样。"多么朴实的语言，多么真挚的感情！学校的公民素养教育就是这样潜移默化、润物无声地影响着每一个中华路小学的孩子。

——重庆市渝中区中华路小学学生部主任　文静

五、五年级：乐公益

五年级的学生正处于交往的范围不断扩大，认识能力不断提高的时期。该阶段也正是让孩子们认识公益、了解公益、参与公益的良好时机。五年级的修身课程以乐公益为主线，从身边的公益做起，将学到的知识应用到社会服务之中，拓宽孩子们的视野，为社会公益事业储备新的力量。

五年级修身课的总目标就是培养孩子热爱公益的优秀品质。其教育要点包括爱心捐献要主动、敬老护小要积极、校史讲解能胜任、植树护绿有行动、社区活动多参与。这一学年，我们通过八个教育主题，即争做公益小明星、争当校史讲解员、争架结对爱心桥、争献温暖过中秋（传统节日：中秋节）、追寻雷锋的足迹、公共设施小卫士、保护自然有行动、体验校工一日行，以及一个主题教育——"雷锋精神，你我传承"，对学生进行系统的公益教育，让他们从小成为热爱公益事业，有热情、充满爱心的人。

案例一：感恩与幸福同在

相信许多人都看过这样一则新闻：渝中区年仅8岁的女孩郝悦含，因患上了重度再生障碍性贫血，离开了她心爱的校园。可幸运的是，有很多关心她、爱护她的好邻居，为她开了一个"楼道课堂"，圆了她的上学梦。这个课堂虽然简陋，但它是传递爱与幸福的课堂。人与人之间的这份温情，便来自不分彼此的相亲相爱。

从我懂事的那一天起，爸爸也常常和我重复这样一句话：帮助别人是快乐自己的源泉。对于这句话的理解，我一直懵懵懂懂，直到那一次从爸爸的身上，我明白了这句话的真正含义。夏季的一天，重庆特有的炎热炙烤着大地，爸爸在超市一口气买了两千多块钱的生活用品，拉着我神秘地说："走，带你去看爷爷奶奶！"爷爷奶奶？他们不是在广东吗？难道……没等我醒过神，车已经行驶在了歌乐山的盘山路上了。

大约过了一个小时，我们到达了山上的一所敬老院。轻轻地推开有些斑驳的大门，好奇的我看见了院子里黄葛树下有一些老人，他们安详地坐在椅子上休息。这时，一位老奶奶引起了我的注意。她身上搭着一件薄薄的衣裳，上面放了一块老式手表。老奶奶身子往前一探，手表顺势滑落下来。爸爸几步走了过去，伏下腰，捡起了手表，并放到了奶奶的手里。这位老奶奶一看是爸爸，赶忙一把拉住了爸爸的手："小李，你可有一阵没来了，最近忙些什么呢？"爸爸拉起老奶奶身上即将掉落下来的毯子，笑呵呵地说道："刘妈，一切都好，您就放心吧！最近，您的腿痛可好些了？我给您带的药要坚持吃啊！"爸爸一边说一边坐到了老奶奶的旁边。"子青，快过来，这是你刘奶奶！"我向老奶奶问了好，站到了爸爸的身旁。过了一会儿，爸爸掏出一把木梳，对刘奶奶说："来，刘妈，好久没给您梳头啦！"那一下又一下轻柔的力道，落在刘奶奶早已花白的发间。她闭上了眼睛，那么享受，皱纹之间仿佛有朵花儿绽放，而眼角，轻轻渗出了一颗泪珠。看着他们温情的样子，仿佛是一对亲密无间的母子。梳好了头，爸爸又为老奶奶扎好了头发，拭去了眼角的泪珠，他微笑着说："刘妈，瞧您，像个孩子似的！"这时，旁边的工作人员走过来对爸爸说："刘大妈平时都说我们扎的头发没有你扎得好呢！"我听了后，都忍不住笑，爸爸什么时候学了这门手艺啊！吃过午饭，爸爸又和这里的工作人员攀谈起来。我这才知道，原来爸爸的单位曾在敬老院组织公益活动，当他看见这里的老人们非常孤独和需要帮助，便下定决心用自己的绵薄之力为他们做点什么，于是每隔一个月都要来这里探望一次，而这件事，他已经坚持了三年。

在回家的途中，爸爸语重心长地告诉我：孩子，每个人都会老去，但不应被遗忘，因为每个人都值得被这个世界温柔相待。全国道德模范郭明义伯伯也说过：帮助别人，快乐自己！让我们尽自己微薄的力量，去善待周围世界的一朵花、一片叶、一个小动物，还有每一个人，那样我们的生活将会被感动和幸福的阳光紧紧拥抱！

——重庆市渝中区中华路小学班主任　陈信（供稿）

案例二：天池慰老

自加入学校的交响乐团以来，我参加了许多次大大小小的演出和活动。其中令我难忘的是到歌乐山天池干部疗养院探望老人并为他们演奏。

记得那天天气不是很好，乌云密布，但是乐团的同学们穿着整洁的校服，个个精神抖擞、兴致高涨。老师告诉我们，在疗养院里生活的老人并不一般，有的是经过枪林弹雨的老兵，有的是为新中国建设而献出青春的老干部。

到了疗养院，同学们抓紧时间排练。时间到了，老人们陆陆续续进入大厅。我有些紧张，有些激动，生怕没把最好的演奏呈现给这些可爱可敬的老人们。首先，我们演奏的是《莫斯科郊外的晚上》，我隐隐约约看到几位年逾古稀，脸上刻满岁月沧桑的老人，眼眶里全是泪水，紧握的手开始颤抖起来，抽泣着。最后的一曲《欢乐颂》让全场的气氛达到高潮，老人们跟着节奏拍起手来，跟着音乐哼起歌来。演奏完毕，全场响起了热烈的掌声。老人们很高兴，很激动。那是一种怎样的笑啊！那么快乐，那么……但凡是看到他们笑容的人们也会露出会心的微笑，好似心里吃了甜甜的蜂蜜一般快乐。

我相信，这些老人是幸福的，是快乐的，因为他们生活在这个美好、幸福、充满爱的世界上。为了让老人们更加幸福、更加美好地生活下去，让我们携起手来，共同去关心和孝敬天下所有的老人吧！

——重庆市渝中区中华路小学班主任　陈信（供稿）

六、六年级：观时政

“关心天下事，做好身边事”是中华路小学的校训。时政教育是学生全面发展教育中不可缺少的一部分。加强时政教育，这对学生们了解国情，形成正确的世界观、人生观和价值观，增强社会责任感和使命感具有重要意义。六年级的修身课以“观时政”为主线引导学生关心时事、关注社会。孩子们思想觉悟的高低以及能否形成正确的价值观念，往往取决于是否具有正确看待事物的能力，而修身课就能扩展其思维空间，锻炼其分析能力，让他们的思想觉悟走向成熟。

六年级修身课的总目标就是培养孩子们关注时政。其教育要点包括学习校友好榜样、投票选举当主人、表达观点乐演讲、热爱巴渝热爱家、爱护遗址是责任、上网文明好素养、珍贵情意记心中、感恩母校会回报。这一学年，我们通过八个教育主题，即中华校友我知道、民主活动我参与、达育论坛我能行、巴渝文化我了解、元宵佳节我祝福（传统节日：元宵）、通远门历史我探寻、网络道德我遵守、回眸六年我怀念，以及一个主题教育——“不一样的毕业季”，对孩子进行系统的时政教育，让他们成为“关心天下事，做好身边事”的中华小公民。

案例一：达育论坛——分数代表成绩吗？

在六年级（5）班的教室里，同学们以“分数代表成绩吗？”为题展开了一场别开生面的辩论。双方的辩手们提前一周就在收集和整理事例材料，以佐证自己的观点。正方认为：虽然分数不能完全说明成绩，但分数是最直观的一种评价方式。而反方则义正词严地批评了目前的应试教育和精英选拔，指出成绩应反映多方面的综合能力，并举出了很多实例来证明分数作为唯一评价标准的局限性。12位辩手较高的素养和专业的讲述点燃了同学们的思维火花，大家情绪高涨，纷纷参与辩论，发表自己的观点。40分钟的辩论结束之后，同学们一起给自己欣赏的一方投票，结果反方以说服力更强，表达更清晰，更有逻辑的优势获胜。最后，大家又提出了另外几个值得探讨的话题，并举手表决通过了下一次的辩题，同时产生了新的12位辩手。这一次辩论会激发了同学们善于思辨、乐于表达的热情，真期待下周四第二场辩论会：追星对吗？六(5)班的同学们，加油！

——重庆市渝中区中华路小学班主任　曾兟

案例二：达育论坛——端午文化辩归属

2016年6月3日，中华路小学2016级“端午文化辩归属”学生达育论坛在学校大礼堂举行。

作为社会的小公民，小学生应从小培养参政议政的能力，这是未来公民必要的基本素养，而每学期的达育论坛就是学校为学生搭建的重要平台。在“我们的节日——端午”活动中，学生对精神寻根、文化开放发表了自己的看法和见解，在一次次交锋中碰撞出思维的火花。

正方辩友的观点是——端午节是中国的。他们认为，端午节的历史、习俗源于中国，它独特的基因源于中国传统文化。反方辩友的观点是——端午节是世界的。他们认为，优秀的传统文化是没有国界的，它能够得以传播也正因为它体现了各民族优秀品质的共性，它不受地域的限制，不能狭隘地只属于哪一个国家。

这样的辩论赛，让学生的知识活了、能力活了、情感活了，让学生学会思考，学会言说。未来是孩子们走世界、读世界的过程，愿他们成为能言、善思、会道的中华人。

——重庆市渝中区中华路小学班主任　曾兟

案例三：达育论坛——中华民族的根在哪里？

为什么中华文明能够历几千年而不衰，成为世界历史上唯一一个没有中断过的文明？看完中央电视台大型纪录片《传承》，六年级5班的同学们从震撼和感动中开始了思考，并从这部精彩的纪录片里找到了答案。《传承》这部纪录片分为《道》《金》《木》《水》《火》《土》《和》共七集，用极具中国元素的符号重点记录了海峡两岸50位民间传承人的精彩技艺和人生故事，每一集都蕴含着丰富的中国哲学思想。作为中华文明的继承者，我们传承的不仅是非遗技艺与知识，还应该延续其中所包含的中华哲学与智慧。在现代社会，我们的国家也在经受着西方文化的冲击和影响，老祖宗留下的文化遗产也在一点一点地消失，所以重新认识和了解我们的文化势在必行。《传承》这部纪录片能让我们重塑民族自豪感，让我们永远坚守和传承中华文化，用心去学习和生活，做一个骄傲的中国人。

——重庆市渝中区中华路小学班主任　曾兢

传统的教学观念往往忽视学生在德育中的主体作用，表现为：在德育的目标和内容的编排设置，以及途径和方法的选择上，既不考虑学生身心发展的特点和思想品德形成的规律，也不关注时代和社会发展的需要，因此造成了教育与现实之间的脱节。而主题化德育活动基于学生的身心发展规律，以及学生个体的发展水平，关注学生的实际需求，以活动为支撑，在活动中提供道德实践的机会，在主题化活动中不断强化道德认识，培养道德情感，从而增强德育的实效性。

在这一愿景下，我们希望将学生培养成为一个合格的公民，一个具有初步的政治和法律权利意识的公民，一个具有一定的品性与能力的公民，以此来最大限度地尊重人的个性与尊严。在倡导公民素养教育背景下提出主题化德育，让德育教育更系统、更有针对性。我们希望研发适合我校小学生行为养成的内容，让课堂教学与主题活动相结合。低段主要以密切联系儿童生活的主题活动和游戏为载体，中高段则以帮助学生参与社会、学习做人为课程核心，促进学生乐于探究、热爱生活、形成良好品德，实现社会性发展，将社会主义核心价值观融入学生学习、生活中。

第四节

社会参与

——小公民行动课程

在本杰明·巴伯看来，“参与”让我们更好地理解了公共领域和私人领域的关系；“参与”使私人个体成为一个有教养的公民，使民主变成公民的自治；“参与”使个人被迫扩展他的视野而开始考虑公共利益，培养了公共精神。[①]因此，任何有效的协商如果不能体现在公民的行动上，是没有实质意义的。所以，真正的公民不仅是一种形式上的身份，还是一种行为能力的体现。

公民素养教育除了公民知识的习得，还有公民行动的体验。在与社会这个庞大而复杂的网络系统中，公民素养教育全方位地渗透在实践中。小公民行动课程强调在实践中对学生进行公民意识教育，力求让学生知行合一，形成公民素养行动力。其内容包括关注时事、参政议政、研学旅行、公益活动四部分。

我们重新建立起了学生与社会的联系，引导他们关注当前时事政治，大胆发表观点；让学生通过红领巾提案，为渝中区建言献策，体验模拟参政议政的权利；让学生在研学活动中展现公民素养，参与各种社区公益活动，比如慰问敬老院老人、与西藏小朋友手牵手、帮扶农民工学校的小伙伴等；在学校的德育特色活动中认识社会、感知公民社会的方方面面。

---

① 钟金燕.试析巴伯的强势民主理论对西方民主理论的贡献[J].辽宁行政学院学报，2009(3):51.

在小公民行动课程中，我们形成了“学校搭建平台、教师给予帮助、学生自主体验、课程后期评价”的完整课程体系，让学生有更多的机会参与社会事务，发挥自己的主观能动性和创造性，履行一些力所能及的社会责任，切实体会个人与社会、个人与政府息息相关的血肉联系。

一、关注时事

中华路小学十分重视学生公民素养的习得，因此分年段制订了不同的德育目标。六年级的德育目标是观时政，旨在培养学生的政治素养和帮助学生树立正确的世界观、人生观、价值观。

小学生作为社会的小公民，关心国家时事，培养其发表客观见解的能力，才能更好地提高自己的政治敏感度，才能做到敢议政、善议政，真正地关心国家大事。中华路小学举行的每一期达育论坛都是学校为学生搭建的重要平台。论坛上，学生对社会热点、焦点问题发表自己的看法和见解，思维的火花一次次碰撞，不仅他们的思考能力得到了提高，论坛的主题也得以体现。

在举行过的一次次达育论坛活动中，留下的不仅是学生思维碰撞时的精彩表现和表达想法时的掷地有声，更多的是言语中表现出的关心时事的责任感。

社会热点从未间断，学生参与达育论坛的热情愈发高涨。学校从时事热点出发，开展了很多次精彩的论坛活动，如“老人摔倒扶不扶?”“中华少年文明行”“不一样的毕业季”“端午文化辨归属”……

达育论坛是学校给学生搭建的一个自由发声的平台。较之以往，学生在参与达育论坛之后对生活更加热情，甚至开始关心起身边的每一件小事，力所能及地贡献自己的一分力量，同时也养成了关注时事的习惯。他们在一次次达育论坛活动中精彩的演绎，是对学校教育方针和教育策略的成功验证。达育论坛也是爱国主义传递的载体，让学生真真切切地践行学校的校训“关心天下事，做好身边事”。政治的进步、国家的发展，需要的是真正会思考、善思考、把思考当成习惯的人。关心身边事，关心天下事，脚踏实地而胸怀天下，才能贡献于社会、贡献于国家。

二、参政议政

作为中华小公民，小学生不仅要增强关心时事的意识，更应具备敢于表达个人观点的勇气和参政议政的基本能力。政治，并非国家决策层的专利独享，每一个对家庭、对社会、对国家富有责任感的人都有权利和自由参与其中。每一个学会关心政事，合理且富有见解性地表达自己的政治立场，为建设美好的家园、富强的国家做出自己贡献的人，他们的参政议政权利都应得到保护。政治素养以及政治思维能力是在不断地发展、修正、提高的过程中展现的，因此，学生从小受到的政治教育所起到的作用显得尤为重要。

学校为进一步提升学生参政议政方面的素养，在持续开展达育论坛系列活动的同时，还着力开展许多形式新颖的主题活动，如“红领巾提案及发布会”。这些主题活动帮助小公民们培养参政议政的意识和基本能力，为将来行使参政议政的权利做准备，引导他们在做好身边事的同时，关注身边、关注社会，并且用自己的智慧为城市建言献策，是小公民行动的真正实践。

我是校园小主人

学生最快乐的童年时光大多是在校园里和老师、同学们一起度过的。为了让这样的童年更加美好，学校开始着力改善硬件设施，丰富软件设施，同时充分调动学生们的积极性，让他们表达自己对于学校建设的意见和建议。在这样的氛围中，学生们都争先恐后地为校园建设献计献策。有的学生从净化校园出发，提出关注校园卫生，增设垃圾桶，勤换垃圾袋的建议；有的学生从美化环境出发，提出关于我校“鸟趣园”的维护和建设方案，希望能让鸟儿重归校园，让“鸟趣园”焕发新生；还有的学生从全面发展角度出发，希望学校可以建设丰富的兴趣俱乐部，让志同道合的同学可以欢聚一起，享受共同的爱好带来的美好和快乐；更有学生发挥了奇思妙想，渴望打造主题校园，每一年或者每五年更换不同的主题，让学校变成童话王国一般，从而使学习变成一件轻松快乐的事儿。

关心天下事　做好身边事

为了让学生过好暑假生活，学校给学生设计了一个有意义的暑假生活指南。作为身在渝中、学在渝中的“中华星”，中华路小学的学生用眼睛观察渝中，并为渝中区的发展提出自己的意见和建议，通过这样的方式展现一个都市小公民的社会担当。学生要在假期中去观察、发现、思考“怎样让渝中变得更好”。我们眼睛里的渝中半岛每一天都在变：重修的十八梯、拔地而起的高楼、日益增多的外来游客……诚然，城市的发展的确取得了许多可喜的成绩，但同样也有许多需要改进和调整的地方。学生或个人独立完成，或以小组的形式，从自己的生活入手，找到关注点，通过观察身边事、采访身边人的方式，定下选题并提出方案，然后再结合查找的资料完成提案。假期生活也会因此变得更充实。学生将校园的平台延伸至校外，在精心准备的每一个环节中全力以赴。他们收获的不仅是大家的称赞，更多的是作为渝中区的小公民，能够为这片热土贡献自己的微薄之力所带来的满足和快乐。在101份优秀提案中，大队部评选出了一、二、三等奖，并甄选出最终站在舞台上进行发布的9组提案人，如表4-11所示。

图4-11 “建言‘十三五’ 中华展宏图”

渝中区中华路小学“中华小主人”提案发布会名单

分类	提案内容	提案人
文教卫体	关于解放碑商圈增设阅读点的建议	六(6)班刘峥安、刘瑞滟　四(1)班吴禹欣
	关于渝中区名人旧居保护与开发的建议	五(2)班颜语桐
城建城管	关于渝中区农贸市场内外垃圾污水治理与改善的建议	六(4)班刘懿宁　六(2)班刘双胤
	关于消除中华路小学周边交通安全隐患的建议	五(2)班王婉荥　四(3)班王程暄
	关于十八梯整体环境改善的建议	四(1)班马渝钦　六(3)班刘诗怡
社会法制	关于改善渝中区养老服务业的建议	六(4)班杨样
	关于关爱失独老人的建议	四(2)班杨馥宇
	关于规范石油路片区露天烧烤的建议	五(1)班甘雨露
	关于轨道交通两路口车站扩建的建议	五(3)班欧阳宇航

回到校园后，学校邀请专业人员分别对一、二等奖的提案人进行提案撰写的专业指导。再由学校搭建平台举行“建言‘十三五’　中华展宏图”的提案发布会，并邀请相关职能部门领导到场参加并现场点评。

孩子们有很强烈的主人翁意识。中国已进入了老龄化社会，我们区为了保证老有所养，老有所安，老有所依，设立了相关的养老机构，今后一定会根据孩子们的相关提案不断完善自己的工作。

——渝中区民政局局长　曾姝

听了孩子们的提案很有启发，今后我们会在农贸市场垃圾分类的管理工作中借鉴孩子们的提案。

——渝中区市政园林局副局长　付云

感谢孩子们对十八梯改造建设的支持。

——渝中区历史文化街区建设管委会副主任　甘乾彬

为孩子们点赞，并表扬孩子们看到了大人没有看到的问题，想到了大人没有想到的办法。我相信，假如这些提案整理好以后在政协会议上提出来，一定是非常好的议案。

——渝中区政协副主席　戴启常

要重视孩子的主体地位，重视学生的社会参与，切实抓好综合实践活动，提高中国学生的核心素养。

——重庆市教委基教处处长　邓沁泉

今天的“中华小主人”不仅是小主人，更是小代表（全国人大代表），小委员（政协委员），建议这样的活动推广到全国去。

——原总政话剧团一级演员，毛泽东扮演者　车予正

有关人员表示他们会认真梳理孩子们的提案，在下一次全国人大会议上提出议案，并向相关部门反映情况。学生们切实感受到：参政议政的确能够得到关注，甚至产生实际影响，这种正向反馈能让学生永远保持热情和关注，积极而又负责任地生活。

学校认为校园的主体是学生，任何活动的意义都应该回归于学生这个本体。从走进社会实地调查，到形成自己的提案建言献策，学生们积极思考、主动探索。这样的活动，让学生自己筹备，从学生的角度出发审视校园建设或城

市建设的问题，不仅体现了对学生主体的尊重，更培养了学生善于发现、收集信息、深入思考、勇敢表达的能力。参政议政不一定非要涉及国家大事，在当下，作为一名小学生能够立足身边事，行使自己的话语权，既能获得参与成就感，又能培养“事事关己”的责任意识。这种从小培养的意识，有助于学生培育和践行社会主义核心价值观。

善听、敢言、去做，为了在将来能更好地参政议政，学生的政治素养要符合主流价值观，要与社会与国家的发展方向相一致。培养出这样的能力不是朝夕所能达到的，我们对积极有效的方法的探索，任重而道远。

三、研学旅行

研学旅行是我校颇具特色的公民素养教育中一项极为重要的内容，也是我校公民教育的校外延伸。学校通过整合交流平台、营地设施以及课程活动等资源，鼓励学生走出校门、放眼世界，体验集体生活，感受多元文化，培养他们的团队互助合作意识以及独立思考、独立生活的能力，进而加深其对自然、历史、社会和世界的理解和认识。在寓教于乐、寓教于游的过程中，我们不断从文化素养、生活素养、公民知识、公民行动四个方面塑造优秀的中华小公民。

国际交流　放眼世界

从20世纪80年代开始，我校不断吸纳国外的先进理念，分别走进美国、韩国、新加坡、加拿大、印度等国，在不断地交流访问中，视野逐渐开阔。“育中华的世界人，做世界的中华星”是我校的教育愿景。我们希望通过公民素养教育，培养学生自主、自律、包容、参与的公民意识和公民能力，而完善的公民素养教育也会促使他们在国际舞台上发挥重要作用，成为合格的国际公民。

2008年，我校与英国威尔士罗森公园小学缔结为国际友好学校；2010年3月，德国奥斯纳布吕克大学数学信息学院数学认知研究所的施万克教授到我校讲学、访问，并与我校签订了为期三年的数学教师培训协议，我校也成为奥斯纳布吕克大学数学认知研究实验基地……在牵手国际学校的过程中，学校坚持“请进来更要走出去”，每年1～2次的游学活动，激发了学生了解世界的欲望，锻炼了他们的国际交往能力，拓展了他们的国际视野，增强了他们参与国际竞争的勇气和信心。在与异域文化的碰撞中，学生们能用一种开放、包容的心态去欣赏他国文化，这就是一种世界胸怀。

中华路小学始终坚持一步一个脚印，一步一个台阶，努力搭建国际交流平台。希望从我校走出的孩子真正具备国际公民素养，以宽广的胸襟来包容，以开阔的视野去吸纳，以全面的能力应对挑战。世界人、中华星，正在熠熠生辉。

暑期研学　社会实践

为了进一步落实立德树人根本任务，凸显学校公民素养教育办学定位，学校积极引导学生走入社会，拓宽知识面，让学生在旅行的过程中陶冶情操，增长知识，体验不同的自然和人文环境，提高学习兴趣，提升综合素养。根据《重庆市教育委员会关于开展中小学生研学旅行试点工作的通知》精神，我校于2016年将研学旅行项目纳入课程群建设之中，进行顶层设计，全面推进研学旅行课程在学校的深入实施。2016年暑假期间共有258名学生分别参加了由重庆市少年宫、重庆亿通教育、市少工委等单位组织的“中华路小学暑期研学旅行”。研学旅行路线以中华路小学“公民素养教育”为核心，以各年段德育目标主题“懂礼仪”“会合作”“知感恩”“讲诚信”“乐公益”“关时政”为目标设置研学课程，让孩子们在全新的课程体验中培养了公民素养，收获了关键能力。

一、二年级“小鬼当家”精英营结合我校低段“懂礼仪、会合作”的德育主题，将独立生活技能、团队协作能力等作为本次研学活动的培养重点。在精英营里，我们精心为孩子们设计了丰富多彩的课程和活动：有脑洞大开的趣味游戏——考古挖掘、淘矿寻宝、生活技能DIY，更有激情挑战的极限运动攀岩、绳降、滑索，还有暖心的露天电影、星光故事……五天的营队活动让初次远行的孩子们体验在没有家人呵护与帮助的陌生环境里如何与人相处，学会坚强，学习自理；欢乐的团队游戏，给孩子们留下了美好童年的记忆，让孩子们在玩中体验独立的成就感，收获快乐，收获成长。

三到五年级学生的研学旅行则围绕核心素养的三个层面——个人与自我（懂礼仪、讲诚信），个人与他人（会合作、知感恩），个人与社会（乐公益、观时政）进行，让学生在一周的时间里，告别家长的呵护，给予他们整整七天的独立成长和交友的空间。在“丽江营地——国情与公民素质之旅”中，人在旅途、团队竞技、文化传承、民风体验、户外挑战、古镇巡礼6大课程的开展，不仅让学生体验到了丰富的民俗文化，也提高了他们的生存和生活能力。在“日本研学——国际社会大课堂”中，学生走进日本这个科技、经济发达的国家，通过参观名古屋博物馆、学习茶道文化和泡温泉礼仪、感受工匠精神、走进富士山自然学校、领略科技魅力和动漫文化、名校巡礼等课程和活动，深刻感知作为“公民”，需要体验中外不同文化，通过融汇学习与生活，将“个性素养与公共素养”的培养有机结合。

六年级的研学旅行以“不一样的毕业季”为核心，走进万盛九锅箐森林公园，通过开展“父亲节采茶”“心中的蓝丝带”“丛林漫步”“一个都不能少”等主题活动，引导学生回眸六年、感恩父母、感恩成长过程中的人与事，珍惜情谊，展望未来，从而树立正确的世界观、人生观、价值观，力争做一名关注时政、勇于担当、懂得感恩的优秀毕业生。

诚如我们的学生在日记中所写的：“这一次的研学，是我们的毕业研学，意义自然也就与众不同。毕业研学，满含的都是不一样的感动；这样的一次相聚，过不再来。难忘的，首先是那几个看似笨拙却饱含技术的游戏。团队，这样的称呼是专属于青春与童年的，只有它最值得纪念。看着大家都在为了荣誉而拼尽全力地练习的样子，听着那有节奏的‘1、2、1、2’的声音，闻着空气中的淡淡汗味，感受着大家对游戏的全情投入，我感到一股熟悉的暖流在我心中流过。尽管我们不是第一名，尽管游戏只是叠帐篷、平衡交换和用鼓颠球等，尽管还有不是所有人都能参与，但是不论如何，这些我们最后的相约，都是那样令人难忘，那样值得纪念。”

诚如我们家长的感言：“好的研学活动不一定就能看到量化的成绩，但是它带给孩子们的快乐和改变却是实实在在的，事实证明孩子们也是普遍欢迎的，因为他们体验到了不同于学习知识的另外一种学习方法——践行。践行中的感悟也许并不容易用语言表达出来，但是谁又能够说自己不曾有过感悟呢？这不禁让我想起了陶渊明的那句流传很广的诗——此中有真意，欲辩已忘言。”

“读万卷书，行万里路”，我们的课堂在路上。研学旅行的意义不仅在于孩子的成长，更有家长的蜕变：从第一天第二天的各种担忧，对孩子细枝末节的关注，到后两天终于把眼光投向研学旅行的本质意义，投向孩子的历练和成长。可以说，研学旅行更是一次生动的家长课堂。研学旅行，让小公民素养教育在大自然中延伸，在社会实践中延伸。

“纸上得来终觉浅，绝知此事要躬行。”在全新的研学课程中，我们致力于培养学生核心素养，我们期待给学生一个平台、一种渠道，让他们在悠闲自得的研学旅行之中收获知识、收获幸福，为学生的成长创造更多美好的可能。且行且思，让我们诗意地栖居在大地上，行及四方；且研且学，让我们快乐地学习于旅途中，学贯乾坤，真正实现研有所思、学有所获、旅有所感、行有所成的课程目标。

四、公益活动

我校在公民素养教育中，确立了以爱心为源头的“三爱三心”公民素养目标，其中“乐公益”小公民行动课程的开展，注重从学生行为习惯养成教育做起，从一点一滴的小事做起，在实践中对学生渗透公民意识教育，真正体现“知行合一、养成公民”的办学理念，让学生在系列主题活动中去关爱他人、博爱社会，明责任、勇担当，为其未来的公民生活奠定基础。

“雷锋精神，你我传承”——文化精神植入心

每年的3月初，我校都会开展“雷锋精神，你我传承”主题校会，孩子们在台上彼此交流分享“我知道的雷锋精神”和“我身边的活雷锋”等故事。每年的3月5日是学雷锋日，这一天我们的“校园之声”以播放宣传片、纪录片的形式向学生讲述雷锋的故事，并号召大家向雷锋学习。3月也是我校的“学雷锋月”，我校“学雷锋小分队”深入校园、走进社区、走向社会，开展走访敬老院、高年级大哥哥大姐姐帮一年级的弟弟妹妹提牛奶等系列敬老护小活动。“服务他人、奉献社会”的公益精神潜移默化地影响着中华路小学的每一个学生。

“小志愿者行动”——角色体验敢担当

对于学生而言，责任意识从哪里来？显然，只靠口头说说是不行的，必须要靠行动。“小小校史讲解员”“植绿护绿小卫士”“一日小校工”“公共设施管理员”……在我校设置的这些小志愿者岗位中，学生自主报名、实践体验，真正以一个小主人翁的身份参与到校园管理、社会服务中来，在这种“角色”的扮演过程中，他们开始去关注身边的“环境问题”“文明意识”“责任义务”等。在激发学生自主参与公益活动的过程中，在关心他人和关注社会的过程中、在服务他人和社会的活动中，树立并增强学生的责任感和使命感。

“共圆雪域领巾梦”——自主设计同实施

2014年10月，中华路小学25名少先队员与西藏芒康县盐井小学结成帮扶对子。在这次帮扶结对活动中，最大的亮点就是由学生自主策划、提案并实施。我校五年级的学生首先发起了“渝中芒康手牵手　共圆雪域领巾梦”达育论坛活动，孩子们在了解了西藏芒康小伙伴的生活、学习情况后，便在班级展开讨论，分组制作，统一拟订帮扶计划书，最后大家分工协作准备礼物，并亲自打包邮寄，为西藏小朋友送去了一份冬日的温暖。我校公民素养教育的一个重要环节就是让学生将习得的知识在实践活动中形成做的行为能力，让学生自己去“做”公益，不仅让他们在自主合作中享受到更多的喜悦与成就感，也最大限度地培养了他们的公民素养。

“冬日阳光，温暖你我”——积极参与乐公益

2013年12月2日，在渝中区红岩小学操场上举行了一场特别有意义的爱心捐赠活动。在此之前，中华路小学的学生了解到红岩小学部分农民工子女的感人故事和新年心愿时，开始纷纷为他们准备心愿礼物，并在每一份礼物中附上了一封亲笔书信。随后，在学校大队部的倡议下，全校少先队员携起手来关心自己身边有困难的小伙伴，孩子们纷纷将自己的压岁钱、零花钱捐出来，帮助各个班级家庭比较困难的学生，为他们交课间餐费、社会实践费和校服费，希望能够减轻这些家庭的负担。这次活动营造了全校师生关爱贫困儿童和进城务工人员子女的浓厚氛围，孩子们积极参与，各显其能，在活动中进一

步感受到了“赠人玫瑰，手有余香”的幸福，而获得帮助的同学，不仅收获了温暖，也知道了关爱、感恩和回报。

社会责任是一个具有完整人格的人应具备的核心素养，它有着丰富的内涵，存在于生活的每一个岗位中。公益行动的意义在于培养学生的爱心和责任感，从而获得追求幸福、获得幸福的本领和能力。青少年学生年龄小，力量单薄，但还是可以为他人、为社会做许多力所能及的事情。去关注和关爱更多的人，去承担和履行更多的义务和使命，中华路的孩子们正用自己的实际行动点亮“公益星”。

第五章

增强公民意识的民主课堂

民主,广义上讲是指公民参与国事或对国事有自由发表意见的权利。当下,我们已进入多元化社会,知识的激增、互联网的普及,使人民的生活空间更为开阔,生活环境更为自由,促使人们对自身的主体性、潜能及创造本质也有了新的认识。因此,民主已成为一种公共生活的秩序,体现了权利与责任的统一,彰显了平等、自主、参与的精神。

第一节 “四个人人”的民主课堂

所谓民主课堂，即构建一种师生人人参与、人人有权、人人有责、人人成长的课堂。

“人人”，简单而言就是指课堂教学中的每一个个体，既包括教师，也包括学生。

一、人人参与

人人参与是构建民主课堂文化的基础。教师和学生组成拥有共同信念、共同目标的学习共同体。在师生相互信任、相互尊重的民主氛围中，每一个个体都能充分发挥能动性，积极参与教学的每一个环节。人人都做“当局者”，没有一个“局外人”。

民主化的最大特征就是要让每一个人参与其中，发出自己的声音。然而，在传统的课堂教学文化中，往往是教师的“独角戏”居多，教师讲学生听，学生缺乏自己独立的思考，缺乏主动参与的意识。民主课堂致力于引导教师树立一种信念，相信每一个孩子从其视角出发的意见都有一定的道理，充分认识到每一个发出的声音比只有一个“正确的”声音更重要，也更有效率。同时，民主课堂鼓励生生之间合作学习，以分工协作的方式带动不善于参与的学生动起来，并改“教师布置作业”为“师生协商布置作业”，达成师生的共同参与。

就合作学习的指导，青年教师陈信曾做过一次调查。她发现教师习惯以学习能力或成绩来安排学生的座位，将不同能力的学生安排坐在一起，以便相互帮助，这也决定了合作学习的起点。但她发现，这样带来的后果是，话语权往往被少数学习能力强的学生掌握，小组讨论看起来很激烈，实际上隐藏着个别学生的落寞。为此，她尝试着将学习能力相近的学生分在一起，这样学习能力优秀的学生会通过相互的知识碰撞闪现出智慧的火花；学习能力平平或滞后的学生，因为没有他人可依靠，反而会主动参与学习活动、承担学习责任。

陈信老师还有两个小“发明”。她在课堂上发现，当教师提出一个问题，时常有学生很快知晓答案而脱口而出，但有一些学生还没有反应过来，便丧失了宝贵的思考时间和空间。为了“一个都不能少”，她发明了“答题板”，让每一个学生准备一张小纸条，请大家把各自的答案写在纸上，再进行交流，给予每个学生独立思考和表达的空间。

第二个发明是“参与球”。她自制了一个安全而有亲和力的塑料小球，根据学生的学习差异和问题的难易度，将小球抛给谁，谁就发言。这种充满趣味的点名方式激发了学生的主动性，提高了每个学生的参与率。

人人参与，为教室里的每一个学生提供平等的机会，使其在发展自己、张扬个性的同时，创造出和而不同的课堂文化生活。

二、人人有权

人人有权是构建民主课堂文化的前提。师生在课堂的交往互动中应该得到价值体现，每一个个体共同享有思考、表达、展示、参与、选择、尊重、鼓励等权利。教师的权利和学生的权利是一种平衡关系，教师不能滥用教学权力压制学生行使权利，学生也不能滥用权利干扰课堂教学秩序。

教学过程是师生交往、积极互动、共同发展的过程。在这个过程中，教师与学生有权利分享彼此的思考、经验和知识，有权利交流彼此的情感、体验与观念，有权利拓展学习资源，丰富学习内容，探求新的发现。

一位教师在教学“嬉”字时，有个学生问：“为什么‘嬉’字是女字旁呢？”虽然这只是一个学生的困惑，但教师还是为他暂停课程进度，组织全班学生一起展开想象、共同讨论。有个学生脱口而出:“古代女孩子不能读书学习,每天都有很多时间嬉戏玩耍,所以‘嬉’字有个女字旁。”教师顺势引导说:“这个问题提得真好,回答也很有自己的见解!我们又学到了一种新的识字方法,原来偏旁和字的意思密切相关。想想看,你还知道哪些女字旁的字呢?”这样一点拨,学生很快就回忆起以往学过的带有女字旁的字,并从中寻找规律。如果当时教师简单粗暴地否定了第一个提问的学生,或置之不理,既伤害了学生的自尊心,关闭了其好问的心灵之门,也就错失了借疑释疑,培养学生归纳信息能力的良机了。

允许学生有做出判断、解释、批判、挑战的权利,才能让他们感受到思维、感受、表达的自由性,才能感到真正意义上的被他人理解、尊重、信任的幸福感。在这样的氛围中,师生彼此的交流才融洽,学生的思维和情感才能得到唤醒,民主课堂也才能因此焕发出多彩的生命活力。

三、人人有责

人人有责是构建民主课堂文化的保障。课堂上的每一个个体都能尽心尽力地干好自己的事情,在享用权利的同时,主动担负起维护课堂民主与秩序、分享等应有的责任,并共同为课堂目标的达成而努力。因此,人人有责是课堂上体现的自我调控、自我把握、自我规范。

良好的学习习惯是学生在课堂上享用权利、承担责任的重要保证。例如,学生,尤其是一年级学生的一大特征就是表现欲望强,常常认为自己想的都是对的,别人说的都是错的。由于年龄特征的限制,学生普遍存在着喜欢别人听自己说而不喜欢自己听别人说的问题。于是,教师们在课堂上要求学生在听同学发言时,眼睛看着发言同学的脸,做到神情专一。如果同学的回答与自己的想法一致,则示以微笑、点头等表示认可或赞同。不随便给予否定,即使持有不同的理解,也要以“我以为……”“我补充……”的方式参与交流。这样学生既学会了倾听,又学会了对同学的发言进行评价;既行使了自己参与、表达的权利,又承担了调控、分享的责任。

此外,教师们还努力培养学生清楚表达的习惯,要求每一个学生都要尽力表达清楚、完整,声音洪亮,让其他同学明白自己的意思。教师应鼓励学生明白只要通过自己思考找到的答案都是有价值的;能把自己的想法清楚地告诉别人并与别人分享,是一件有意义的事,也是自己的责任。这样,课堂上的一点点知识、一条条思路就不再只是教师教的,而是学生自己在交流、探究、分享中达成的共识,而这些来源于学生自身的资源更容易让学生理解与运用。

四、人人成长

人人成长是构建民主课堂文化的目标。在民主平等、合作互助、和谐融洽的师生关系中,每一个个体共识、共享、共进,实现教学相长,获得课堂教学带来的快乐,得到不同的发展。

美术教师冯妍执教《家乡的船》一课时,将湘美版四年级上册《美术》教材内容“乘风破浪”与两江交汇的重庆码头进行整合,充分关注学生的生活经验。让学生在文化情境中学习美术,是冯老师教学的立意所在。课堂上,激流的江水声夹杂着轮船的汽笛声,再辅以教师创作的《朝天门》巨幅油画,为学生营造一种真实而富有想象空间的教学情境。了解船的文化、欣赏船的造型、认识船的结构,学生在熟悉的生活情境中学习家乡的船。

冯老师为学生提供了海绵、生宣纸、颜料等美术创作的工具和材料,通过感受、想象、尝试、创作等学习活动,引导学生发现美和创造美。学生通过对工具和材料的使用,既能体验到美术造型创造活动的趣味,还能在愉悦的学习氛围中寻找到新工具、新材料的乐趣。

在整个教学活动中,学生有充分的体验、大胆的尝试和个性的表现,教师有真实的情境预设、准确的示范和恰当的归纳。课堂作业展示环节,学生们极富想象的各式小船和教师描绘的大船相映成趣,为扬帆起航的重庆勾勒出一幅生动、和谐的画面。这样的课堂,既突出了学生在学习活动中的主体地位,又体现了教师在教学活动中的主导价值,师生在民主课堂中共同成长。

总之,师生“人人参与、人人有权、人人有责、人人成长”是我校民主课堂的核心。师生在课堂的交往互动中,既享有表达、展示、评价等权利,又要承担维护课堂秩序、共同分享等责任,积极参与教学的每一个环节,获得课堂教学带来的快乐,实现教学相长。

第二节
权责统一
——课堂教学原则

教学原则是根据教育教学目的,反映教学规律而制定的指导教学工作的基本要求。它既指教师的教,也指学生的学,应贯穿教学过程中的各个方面和始终。民主课堂的教学原则强调权责统一,这一原则通过教与学两个维度的交织、融合凸显于各学科的课堂教学中。

一、教的原则

(一)营造安全氛围原则

学习作为人的活动,不仅仅是一个知识获得的过程,也是一个情感体验与人格养成的过程。在平时的教学中,师生难免存在隔阂感,学生难免对教师存有敬畏心理;在学习中,学生想说而不敢说,教师欲知而不得知,这种师生之间的生疏感、距离感必然会影响教育教学效果。要想实现师生之间的民主与平等,营造一个轻松的课堂氛围,教师可采用情意沟通的策略。在教学过程中充分利用师生之间的互动与沟通,激发双方的积极情感,实现个体意义的有效交流。教师可以用微笑表示友好,用触摸传递温暖,用眼神交流情感,用掌声表示信任……当师生共同经历"接触、亲近、共鸣、信赖"的过程后,就会形成亲密无间的关系,让学生在轻松的氛围中建立起安全感,从而促使学生作为学习的主体自主进行有意义的建构。

在民主课堂上，我们常常能听到教师对学生做出这样的评价："你的答案是通过认真思考得到的，很有价值。""你能大胆进行猜测，我很欣赏你的勇气。"当胆小的学生主动举手发言时，教师总会微笑并竖起大拇指表示鼓励；当顽皮的学生管不住自己而上课走神时，教师会不经意地走到他的身旁轻轻地触摸他的小脑袋，进行友好的提示。

著名教育家赞可夫说过："我们要努力使学习充满无拘无束的氛围，使学生和教师在课堂上能够自由自在地呼吸。如果不能造就这样良好的教学氛围，那任何一种教学方法都不可能发挥作用。"只有在安全的教学氛围中，学生才能畅所欲言，才能全身心投入教学全过程。

（二）建立开放空间原则

课程改革需要课堂从"步步为营"走向开放。课堂的开放，让每个学生成为学习的主人；课堂的开放，会为学生智慧的火花提供充足的燃料。课堂的开放是包括教学目标、教学内容、教学空间的开放。课堂的开放，需要教师在教学设计时要有清晰的教学目标，知道整个课堂应该到哪里去。课堂的开放，需要教师把握好课堂教学的容量、节奏和环节，采取板块设计，给学生提供自由思考、独立解决问题的时间和空间。课堂的开放，需要合理配置"教"与"学"的时间参量，其中教师教导活动的时间约占1/3，学生学习活动的时间约占2/3，这样的时间参量配置能为课堂的开放提供基本的保障。开放能使课堂充满生机和活力，开放能让师生之间、生生之间的互动充满愉悦和价值。

在小学数学教材中，有许多看似简单但需要实践操作的练习题，如要求涂色、连线、比较等类型的练习题。这类练习题仅就问题的解决而言，思维难度并不大，但如果教师能适当对学生做题的要求更"开放"一些，就能给学生营造一个巨大的思维发展空间，为学生的后续学习提供帮助。

例如，"给商是两位数的算式涂上红色，商是三位数的涂上黄色"是学生学习了"除数是一位数的笔算除法"后的第一道练习题，通常学生会先运用所学知识算出四道除法竖式的商，再按要求涂色。这就使得涂色的操作没有多大的思维价值。

教学中，教师连提三问："不算出商是多少，你能通过观察比较直接涂色吗?""怎样快速知道商的最高位是在什么数位上呢?""如果只改动一个数字就把商是两位数变成商是三位数，你有什么好方法?"这样，一道简单的计算操作题经过教师一而再再而三的开放式追问，变得非常有思维价值，学生的数学认知思维也在一次次的讨论中得到了充分的挖掘和提高，学习的收获也大大增加了。

（三）尊重差异的原则

世界上没有两片完全相同的叶子，虽有差异，但没有优劣，只有唯一，学生也是如此。教师应该把学生看成独立的个体，而不是以年龄或年级为组合标准的群体。教师的责任就是满怀期待与宽容，充分尊重学生。无论在教学目标的确定、教学内容的选择，还是教学方法的使用上，都必须考虑学生个体的独特性、差异性，为学生创造共同参与学习的机会，要让每一个人参与其中，发出自己的声音。教师要用慧眼、聪耳、匠心去关爱、帮助每一个学生，让每一个学生带着希望成长。

在教学《植物妈妈有办法》的语文课堂上，一位青年教师极力称赞："为了让孩子去远方旅行，四海为家，植物妈妈各有各的好办法。"但在问学生"读了课文，你们有什么想法?"时，令教师始料不及的是学生的"另类"回答：

"我才不想离开妈妈呢，妈妈老了需要我照顾!"

"豌豆宝宝蹦着跳着离开妈妈，它不难过吗?"

"我不喜欢苍耳妈妈的办法，她把带刺的种子扎到动物身上，动物会疼的。"

……

青年教师懵了。

课后，教研组就学生的发言展开了讨论。从尊重差异原则出发，大家一致认为，现代的孩子爱家恋家，喜爱小动物，他们的想法源于真实的生活体验，没有什么不对。这些"另类"的声音，正是体现了他们的年龄认知与作者的年龄认知，他们的生活境遇与作者的生活境遇有很大差异。教师应珍视这些不同的声音，才能呵护学生独特的感受和奇思妙想。这也就体现了民主课堂的活力。

（四）启发诱导的原则

在传统的课堂，教师是"裁判员"，不管是教师还是学生都相信真理掌握在教师手中，教师拥有评判的绝对权利。在民主的课堂上，教师是学生的"顾问"，基础知识放手让学生自学，只在重点知识上导学、难点知识上助学。学生思维方向不清时，教师教之以思路；学生想学而没有学习方法时，教师教之以方法。民主的课堂，教师要客观地站在学生的立场上看问题，引导学生展示思维过程，厘清基本概念、原理，启发学生多角度地思考问题，增强思维活动的强度，帮助学生打破自己的思维障碍，领悟思维策略，形成良好的思维品质。民主的课堂，从保证学习的质量来看，教师的引导必不可少，它能把学生的学习引向更高更深的层次。

"My home"是我校周俐思老师执教的一堂四年级英语课，该课以故事情节为主线，学生通过体验、理解情节发展，操练、运用语言进行听说读写练。周老师从学生感兴趣的话题入手，激发学习兴趣，引出本课主题，再创设情境让学生参与故事，并在情节发展中复习旧知和学习新知。根据故事发展引出"Is it..." "Are they..."等句型，让学生可以根据不同的物品判断如何使用目标句，并可以在实际场景中运用。最后回到文本，通过小组合作、巩固新知、发挥想象创编故事。这个课例体现了"小梯度、多台阶、多反复、层层突破"的教学思想，遵循了"呈现—实践—迁移"的教学规律，主要采用整体语言教学法、情境交际法、任务型教学法、TPR（全身反应法）等多种方法，创设真实的语境，循序渐进地开展有意义的语言学习与实践活动。这样的启发诱导，让学生在尽可能真实的语境中与趣味活动中经历学习过程，实现"Learning by doing. Learning for using"。

（五）建立学生自信原则

自信，是一种稳定的个性品质或性格特征，是积极自我意识的体现。自信，能使一个人的潜能、才华发挥到极致，也能使一个人表现出顽强的意志，更能使一个人打破常规、敢作敢为。在教育教学过程中，教师要帮助学生建立自信，关键是让学生获得成功的体验。由于小学阶段是学生形成自信的重要阶段。小学生的判断能力较弱，教师、同伴的心理投射是他们形成自我意识的主要来源，学生需要从他人给予的肯定性评价中确立自信。为有效提升学生的自信，一方面，教师可以优化课堂教学，创设学生能参与并获得成功体验的活动。另一方面，教师依据学生个性与心理特点，采用多元评价和动态评价的方式，发现和发展学生的潜能，帮助学生树立自信。对“潜能生”采用“低起点、小步走、多认同”的策略，对“中等生”采用“明目标、看榜样、多鼓励”的路径，对“优秀生”采用“给挑战、勤协作、多鼓舞”的方式。

一个学生饱含深情地记录了他在音乐课堂上真实经历的评价方式：

“家人都说我天生没有音乐细胞，五音不全。我也承认自己对音乐一窍不通。那天，音乐课要抽查吹竖笛……

“我扭扭捏捏地站了起来，低下头，说：‘老师，我不会。’这声音小得连我自己都难以听见。‘没事，能吹多少就吹多少。每个人都是从不会到会，大胆地吹。来，同学们，给他点掌声！’音乐老师说完后，同学们给了我热烈的掌声，鼓励我吹奏。

“我缓缓举起竖笛，放在嘴边，深吸了一口气，开始吹奏。

“笛声断断续续，我绞尽脑汁不停地想着下一个指法，手一阵忙乱。错了再来，对了又吹，错了再来，对了又吹……一支原本美妙的乐曲被我吹得像一辆破烂的垃圾车。我终于体会到想找一个地缝钻进去的感觉。同学们肯定要把我笑死。结果却出乎意料，同学们给了我热烈的掌声。我简直不敢相信……

“下了课，老师把我叫到一旁，说：‘今天你表现得很好啊，你大胆吹奏，没人会嘲笑你。下次继续这样，才能越吹越好。’听着老师的话，我仿佛感觉自己已经增添了几个音乐细胞，如果我坚持练习，是不是也能像同学们吹奏得一样好呢？‘嗯！’我使劲地点了点头。

“也许，我是音乐的‘学困生’，但这并不会让我对音乐灰心，更不会讨厌音乐，因为，那堂课给了我自信。”

这就是一个充满自信的民主课堂，尊重差异，让每一个学生爱上学习。

二、学的原则

（一）自主思考原则

对学生而言，丰富的想象是他们的优势。他们在参与学习的过程中，不乏精妙的思维火花。自主思考要求学生一要做到有责任意识并相信自己，二要在明确任务的前提下主动思考，三要能多角度思考并能够联想、猜想、假设。学生的自主思考能力要逐步达到敢思考、能思考、会思考这三个阶段。

（二）耐心倾听原则

倾听，是与人交往的基本素养。只有耐心地听别人讲话，把别人的话听清、听准，才能做出准确的反应。耐心倾听要求学生一要认真倾听，明白意思，能复述；二要用心倾听，心随声动并能捕捉值得欣赏的地方或要纠正的错误；三要不打断同学发言，完整听后，再做评议。学生的耐心倾听能力要逐步达到认真听、有思考，先尊重、再反应。

一位语文教师在引导学生用“厚厚的”扩词时，学生纷纷回答：“厚厚的积雪”“厚厚的棉袄”“厚厚的被子”……教师不断地微笑点头表示肯定。这时，一个平日顽皮的学生说出了一个“特别”的词组：“厚厚的脸皮”。霎时，教室里哄堂大笑。对于这样一个“不合常规”的答案，教师对全班学生说：“我们不要急于判断同学答案的对错，先耐心听听他的解释，也许他的想法有自己独到的见解。”教师追问那个学生：“你的回答与众不同，是怎么想到这个词组的？”学生回答道：“我缠着妈妈陪我睡觉时，妈妈就说我是厚厚的脸皮。”原来如此！其他学生对此有了共鸣：“对！我也被妈妈这么说过。”“我犯错误时，我妈妈也会很生气地说我是厚脸皮。”教师当即给予肯定：“能从生活中积累词语，真不错！”转而又问：“说厚厚的脸皮，表情是不生气的，说厚脸皮却是生气的。厚厚的脸皮与厚脸皮有怎样的区别呢？”（学生们都摇头）“老师也想弄明白。”于是，教师当即调整教学设计，上网和学生共同查询两个词的不同语用。就这样，尊重和民主，点燃了学生思维的火花；倾听和认同，扬起了师生前进的风帆。

（三）勇于表达原则

表达，是将思维成果用语言、表情、行为等方式反映出来的一种行为。敢于表达是学生参与、自主、肯定得到满足的反应。敢于表达要求学生一要明白教师的问题，有勇气举手发言，说出自己的想法；二要吐字清楚、不慌不忙地说给大家听，要说真实的话；三要做到表达完整，避免重复他人说过的话，说出的话要有创见；四要接受他人对自己答案的评价，无论对错都能高高兴兴地接受；五要向敢表达、善表达的同学学习，不断提高自己的表达能力。学生勇于表达的能力要逐步达到大胆表达、响亮表达、有序表达、完整表达这四种水平。

（四）合作互助原则

合作互助，是学生认识自己、理解他人的一种交往技能，也是团体意识的体现。合作互助要求学生一要能够接受同伴邀请，也能向同伴发出邀请；二要主动参与，克服消极等待或依赖他人的思维惰性；三要合理分工，各见其能，学会谦让；四要听取他人的意见，不固执己见，相互启发，优化思维。学生的合作互助能力要逐步达到自觉参与有贡献，团结互助同分享。

我校教师重点研究了课堂小组合作学习需要关注的七个细节：

1.训练的先后次序

对于学生而言，小组合作学习，既是合作意识的培养，更是合作能力的训练和合作习惯的养成。为此，要有台阶式设计，不宜有太大的跳跃性。例如，小学低年级阶段，可以从同桌合作开始，再逐渐过渡到小组合作。

2.小组合作前的分工和规则

小组合作之前，需要对参与学生有具体的分工，如主持人、记录员、发言代表、补充发言等角色都要安排到位，做到“人人有活干”，各尽其责。

小组合作之前，还需要对活动规则加以明确。如“弱者先说，大伙补充，强者概括，共同分享”。

3.小组代表发言的开关语

如果小组代表发言一开始就说：“我认为”“我觉得”……教师应当制止。

恰当的说法应该是："我们小组""我们大家"……小组代表在发言中不能只讲自己的观点，还必须总结陈述小组的共同观点。

4.小组代表发言后的教师评价

小组代表发言后，教师的评价应聚焦小组合作的质量和状态。例如，教师可以说：通过小组代表的发言，我发现他们小组的合作学习质量比较好或不够好。随后，要具体指出好在哪里，不好在哪里。在小组合作学习初期的训练过程中，这种具体的评价具有重要的导向作用。

5.全班交流时的组际互动

当小组合作学习结束，进入全班互动交流环节，常见的现象是"报幕式"展示：每个小组代表先后出场，各说各的，彼此没有交流，处于相互隔离状态。若要引发组际互动，生成组际资源，教师就可以要求：后续发言的小组代表，对于前面小组发言中已经讲过的内容不宜重复，可以针对其发言进行补充、提问、质疑，或提出不同观点，并在此基础上再进行总结陈述。

6.组际差异资源的利用

正如学生之间存在差异一样，小组合作学习也会有组际差异。教师要充分利用这一资源，或让合作表现好的小组面向全班介绍其合作经验，把小组资源变化为全班资源；或让合作表现好的小组派出代表，甚至全组同学参与或加入合作效果欠佳的小组之中，手把手地进行指导。这种互助合作的方式，不仅让合作效果欠佳的小组得以受益，学到了合作学习的方法，也让合作能力强的小组在指导交流中进一步提升自己的表达能力与合作能力。

7.全班交流时板书的使用

当全班交流合作学习成果时，教师应利用板书及时将学生表达的观点和提出的问题分门别类地呈现在黑板上。例如，把学生提出的各种问题在黑板上进行类型化处理，这是一种对学生资源的必要梳理和编织，这种方式的另一个目标，是为学生提供分析问题和思考问题的支架。

有了这样对合作学习的细节研究，民主课堂的合作学习就真正落到了实处。

(五)认真作业原则

作业,可以看成是学生的工作,其目的不仅仅是巩固所学的知识,更重要的是通过作业培养学生良好的学习习惯、认真的学习态度和科学的学习方法。认真作业原则要求学生一要字迹清晰、书写工整、格式规范;二要按时、独立地完成全部作业;三要遇到困难须主动查找资料,想办法解决问题;四要自觉订正作业中的错题,养成有错必改的良好习惯。学生认真作业的能力要逐步达到按时完成有质量,讲究方法有创造的标准。

(六)权责统一原则

权责统一的课堂教学原则是民主课堂教学的保障,它建立在对师生关系、生生关系的正确认识上。教师命令支配和学生绝对服从的传统课堂教学原则,是学生学习主动性发挥的最大障碍。只有师生共同且自觉遵守行为规范,才能确保教学活动朝着既定的目标前行。我们相信,民主课堂教学原则的形成过程本身就是一个教育过程,它的建立与认同是学生良好行为养成过程中由“他律”转向“自律”的基本环节。同时,我们也相信,权责统一课堂教学原则的最高境界是“无为而治”,即知识魅力主导下的“知识秩序”,人格魅力主导下的“亲其师信其道”的“信念秩序”。民主平等、富于生长创造的民主课堂文化,让师生间“我”和“你”的关系变成了“我们”的关系。

第三节
循序渐进
——“四维”课堂模型

教育是培养人的社会活动。人和社会的复杂性决定了教育的复杂性。教学是教育的“子集”,课堂教学是教学的“子集”。因此,教学必然是复杂的。没有哪一种教学模型可以万能到解决课堂上所有的问题。所以,我校提出的以“开放、聚焦、练习、提升”为操作“拐杖”的教学思维,旨在引领各学科教师遵循其学科特点进行优化、组合、创新。这四个步骤可以是一节课的四大板块,也可以或分散或组合地灵活运用在教学的各个环节中。

一、开放

开放是实施民主课堂的首要条件。它既是一节课的良好开端,又如涓涓细流般延伸至各个环节。具体而言,开放包括以下几个方面。一是师生交往的开放,营造一种平等、自由、轻松的学习氛围,让学生有一颗“安全的心”。二是教学内容的开放,教学应建立在学生已有的生活经验和认知起点上,让学生有一颗“平常的心”。三是问题的开放,设置一些具有挑战性、开放性的问题,使学生乐于参与探索与创新,培养发散思维,让学生有一颗“灵动的心”。四是活动形式的开放,创设一些生动的情境来“包装”知识,满足学生好动、好奇、好胜、好表现的心理需要,让学生有一颗“快乐的心”。五是评价的开放,通过学生自我评价,生生之间、师生之间互相评价,帮助学生学会站在不同的角度评价自己和他人，增强其辨别与分析能力，让学生有一颗“包容的心”。开放，能激发学生的参与热情，留出自主学习的时间与空间，从而推动教学的不断深入。

二、聚焦

开放的课堂环境会产生诸多生成性的问题，如果教师要面面俱到地解决所有问题，结果往往不尽如人意，还会导致教学效率低下。要让民主课堂“形散而神不散”，聚焦问题是关键。首先，解决的是为什么聚焦，即为了教学目标的达成。其次，为谁聚焦，即基于学生的需求。再次，聚焦什么内容，即新知识的“生长点”、学生认知的“偏差点”、学生思维的“受阻点”、深入探究的“拐点”、难点知识的“隐蔽点”、思维火花的“亮点”等。最后，怎么聚焦，即教师要凸显诊断艺术和诱导艺术。教师要能及时判断、筛选问题，围绕教学目标，有效地进行取舍，为我所用。同时，能适时启发，为学生定向、指路、搭桥……总之，聚焦既尊重了学生的差异性，又能保证班级教学的高效率、高水平。

以数学课“鸡兔同笼”为例，由于本节课是数学广角的内容，重在发展学生的思维能力。因此，教师在鼓励学生大胆猜想后，放手让学生尝试解决问题。这时候，学生可能会运用列举法、方程法、假设法等多种解法。教师不急于评价，而是让学生自己说明理由后，再根据学生认知上的难点和重点进行聚焦。第一次聚焦在多数学生难以理解的假设法上，通过学生演一演、画一画等数形结合的方式有效解决了学生的思维疑惑。第二次聚焦在对三种方法的比较上，引导学生找到它们之间的共性，把零散的知识系统化。教学的开放，给学生留出了自主学习的时间和空间，激发了学生的潜能；教学的聚焦，顺应了学生的需求，保证了教学目标的顺利达成。

三、练习

练习是学生掌握知识、形成技能、发展智力的重要手段。有效练习是民主课堂不可缺少的重要组成部分。能促进学习、提高学生成绩而又不增加负担的练习才是有效的练习。有效练习不在量，而在于质。练习的内容要紧密围绕教学目标精心选编，组织练习的方式要结合小学生的特点灵活多样，练习的时间要遵循学生的认知规律合理安排。一是面向全体设计，紧扣教学目标；二是尊重差异，分层设计；三是新颖有趣，注意趣味性和探究性；四是联系生活，注意应用性。总之，教师要有意识地设计一些能够开拓学生思路的，有利于不同水平学生展开发散思维的，有利于学生大胆创新的练习，从而激发学生的学习积极性和主动性。

在学习了“平均分”知识点之后，一位数学老师设计了这样的练习：“有24颗糖，每盒装6颗，可以装(　　)盒。这是因为(　　)。”该教师把数学问题变成了形如语文的问答题。不仅让学生写出答案，还要让学生说出解题思路。有的学生用“几个几”的知识说理，有的学生根据乘除法互逆的关系说理，有的学生用包含除法的意义说理，有的学生抓住除法与减法之间的关系说理，有的学生通过画图说理，还有的学生以图文结合进行说理。同样的一道题，不同层次的学生通过他自身的认知水平，得出了不同的理由。随后，教师引领学生对思路的表达形式进行优化，得出画图直观、简单，图文结合充分、完整。学生积累了学习经验，对后续的学习充满了信心、充满了期待。

四、提升

“练习千万次，练后抛九霄”，这种做法难以达到提高学生的学习效率、发展学生思维的目的。因此，在练习后进行反思提升非常有必要，反思提升能在一堂课结束前起到“画龙点睛的作用”。在这一环节，教师一是要引导学生对所学的内容进行归纳总结，不仅仅局限于把知识点系统化、条理化，更重要的是对学习方法、解决问题策略进行梳理、提炼，为后续学习积累活动经验。二是抛出问题，挑战学生的“最近发展区”，或设置悬念，或开拓延伸，或活动游戏，力求拓展学生思维，提高学生的认知水平。三是鼓励学生针对困惑的地方或其还想深入探究的地方提出问题，让学习的结尾是“问号”而不是“句号”，逐步培养学生存疑、善思、批判的良好思维品质。课程结束阶段的提升是整个课堂教学过程的有机组成部分，教师要让学生在精彩的“谢幕艺术”中有所思、有所悟、有所动，为学生的持续发展助力。

再以五年级上册《语文》第六单元的习作“想对父母说说心里话”为例，综合解读我校教师是如何在民主课堂中实践“四维模型”的。如何引导学生说真话、实话、心里话，写出个性习作呢？教师是这样做的：她先让学生畅所欲言，可以是感谢父母之爱，也可以是希望父母理解自己；可以是对父母的赞扬，也可以是对父母的劝告……开放的话题让学生兴趣大增。学生争先恐后地发言：“我爸爸痴迷炒股，赔了很多钱，我想劝他谨慎投资。”“我妈妈常常不吃饭，老想着减肥，我要对她说，其实妈妈在我心里是最美的，健康才是第一位。”“我爸爸是‘吸烟大王’，害得我和妈妈常常被动吸烟，我一定要让他了解吸烟的危害。”开放的习作话题顿时打开了学生的写作思路。

于是，教师顺势将重点聚焦到写作方法的指导上来，以本单元学习的《地震中的父与子》《慈母情深》两篇文章为例，让阅读与习作对接，让作家的语言与儿童的语言对接，指导学生如何通过具体事例和相关的人物描写方法来突出人物特点。

接着，教师让学生当堂进行习作片段练习。一个学生写道：“嗒嗒嗒……书房里传来了熟悉的键盘敲打声。妈妈，你才回家几分钟，怎么又在淘宝商城转悠了呢？记得上次‘双十一’，您不辞辛劳，在电脑旁一直守候到凌晨两点，不就是为了那几件打折的衣服吗？我多担心您的健康啊！”

学生的习作挺有个性，但文中只注重了心理活动描写，还有提升的空间。于是，教师以这段话为例，继续引导学生关注人物的外貌、语言、神态、动作，进一步修改作文。学生接着往下写：“昨天和您一起回家，一路上您都盯着手机看，似乎整双眼睛都掉到手机里去了。原来又是在看淘宝啊！瞧，摔跤了吧？脸也花了，鼻子也青了，您居然紧紧地攥着手机，傻笑着说：‘还好手机没摔坏，我正在付款呢！’……”

开放、聚焦、练习、提升，民主课堂的“四维模型”促进了学生真实、朴实、扎实地进步。

不仅学生在民主课堂中受益，教师也在民主课堂中成长。我们再来听听一线教师的心声：

教学民主是教师现代意识极其重要的构成部分，它不仅仅是一种新的观念，也是一种新的品格，更是一种衡量教师人格和素质的尺度。我们呼唤养成公民，就要让学生在民主中学习民主，在民主中实践民主。民主的教育必须有民主的教师，只有充满民主意识的教师，才能够培养出具有民主意识的合格公民！而要成为民主的教师，必须拥有自己的思想尊严，必须具备民主的要素。

——重庆市渝中区中华路小学教师　石玉峰

民主课堂，意味着对学生能力与潜力的无限信任，意味着必须尊重学生原有的基础与个性，意味着师生是探求知识真理道路上的志同道合者，意味着还给学生自主学习的权利，意味着让学生成为课堂的主人。在这个过程中，我探索着、努力着、成长着。

——重庆市渝中区中华路小学教师　吴茜

课堂教学的民主来自教师的人文情怀。教师要有一颗热情对待生命的心，这样学生就可以在其中体会到关怀与温暖，教师就可以用真诚和平等的眼光看待学生，就会对学生举手投足间的每一个细节给予关注，就会与学生进行心灵的对话，同学生合作、交流，给学生发表意见、畅说感想、积极思考的机会。

——重庆市渝中区中华路小学教师　李泽萍

民主的课堂中，教师的责任不是把所有的知识像填鸭子一样把学生填满，而是无论是教学目标的确立、教学内容的选择，还是教学方法的使用，都应尊重孩子的独特性、差异性，让每个孩子在课堂上都有所增长。民主课堂，需要用理解和真诚为孩子营造平等参与的氛围，需要用尊重与信任架起孩子自信的桥梁。

——重庆市渝中区中华路小学教师　向唯唯

从教师们的心声中，我们不难察觉，民主课堂文化的构建促进教师实现了角色转化：从知识的“传授者”转变为知识建构的“促进者”，从课堂的“独奏者”转变为“伴奏者”，从文化知识的“代言人”转变为学习意义的“对话者”，从课堂的“裁判员”转变为“平等者中的首席”。

民主课堂是充满爱的课堂，民主课堂是尊重差异的课堂，民主课堂是建立自信的课堂，民主课堂是激发创造的课堂。当清晨的第一缕阳光照射在校园里郁郁葱葱的黄葛树时，中华路小学师生新的一天拉开了序幕。做一个有民主意识、有良好习惯、有努力目标、有学习方法的学生，做一个有人文思想、有包容心态、有培养目标、有教育艺术的教师，师生带着期待，一起在民主的课堂中徜徉。

第六章

体现公民素养的多元评价

随着课程改革的不断深入，把考试分数作为评价学生的唯一标准的评价模式已不适应素质教育的需要。儿童心理学研究揭示了儿童心理发展的根本原因和动力在于儿童心理的内部矛盾，即需求与已有发展水平之间的矛盾。而教学评价作为教学工作的一部分，如果能得到正确、有效运用，它就具有诊断、导向、反馈和激励的功能。反之，它会挫伤学生的自信心，起到适得其反的作用。

第一节
培育习惯　提升素养

良好行为习惯的养成对公民素养的提升，以及对小学生的影响是不容置疑的。我们通过学生问卷、教师座谈、查找资料的方式，深入分析了学生最重要的行为习惯。我们认为，要培养学生的行为习惯应该满足三个条件：一是要让学生终身受益；二是要在学生日常的学习生活中反复出现；三是要外显，以便于评价。同时，我们以《小学生日常行为规范》和《公民道德建设实施纲要》为参考，根据学校培养学生公民素养“三爱三心”的要求，按照个人与自我、个人与他人，以及个人与国家、社会三个维度，重点培养学生的行为习惯、生活习惯、交往习惯和公德习惯。

一、个人与自我：立身之本

立身之本即自立的根本。每个人作为一个具有社会属性的个体，都要有其特有的立身之本。但是，能称为立身之本的一定是个人的思维、品德、素养、能力等精神层面的内涵。

（一）培养学习习惯，提升学习能力

小学生学习的课程比较多，每一个学科对行为习惯的要求也不尽相同。本书通过综合每一个学科的要求，筛选了具有共性的行为习惯——听、说、读、看。然后，我们根据多年的实践经验，又为三个年段（低段：小学一、二年级；中段：小学三、四年级；高段：小学五、六年级）分别确定了具体的行为习惯目标。

1.听的习惯

传统的班级授课制决定了中国的小学课堂主要采用集中授课的方式进行教学，并以其他方式进行补充。那么，一节课大部分时间学生都是在用耳朵听，听老师讲，听同学们发言。因此，听对于小学生来说尤为重要，而且这也是让学生终身受益的好习惯。

低段的要求是“眼耳专”，即要注视对方，认真听讲，这是专心听的外在表现。当然，除此之外，还包括身体的其他表现。上课的时候，我们经常会用到口诀，教师说：“眼到耳到手到。”学生响亮有力地回答：“心到！”有时根据课堂学生情况，教师还可以说成是：“眼到耳到脚到。”一堂课总要组织几次这样的教学，学生散乱的心思才会集中起来。“记重点”就是学生在听完课之后能记住其中的关键词，这方面要求学生经常复述教师或同学们讲的内容，进而促使他们专心听讲。

中段的要求是“能提问，记要点”。这是希望学生能就没听懂的地方进行提问，而且能记下说话的要点。小学中段的学生有了一定的理解能力与思维能力，可以根据教学的重点或者学习的重点进行提问，以促进他们深入思考。低段的要求是外显上的配合，中段要求的“能提问”则是希望学生能调动自己的思维去听，并能抓住所听内容的重点，这是一种较高的要求。

高段的要求是“会追问，记疑点”。这就要求学生听完之后能辨析，同时还要明白其中的含义并根据自己的意图进行追问。

2.说的习惯

要让小学生愿说、能说、敢说。如果说听的习惯是一种被动的行为习惯，那么说的习惯对于小学生来说就是主动的行为习惯。只有具备了良好的说的习惯，学生的学习才更主动、更有针对性，学生的综合素质才能更好地得到发展。

低段的要求是“吐字清，发音亮”。在入学初期，配合汉语拼音教学，重点训练学生清晰吐字，响亮发音，帮助他们从小养成这样的习惯，慢慢地培养他们说话的信心。

中段的要求是"条理清，重点明"。中年级段的学生初步具有归纳段意及主要内容的能力，说话也是成段地进行，因此，有必要对他们发言的条理性进行规范，养成条理清楚、重点突出的说话习惯。

高段的要求是"互动快，表达畅"。这是对学生提出的较高的要求，主要是对能力较强的学生提供上升的空间。该要求主要用于辩论中，这样不仅训练了表达能力，还有助于学生思维能力的提升。

3.读的习惯

本研究中的读，则是爱读书的一个基础，从读字、读词、读句、读文到读一本书。学生只有具备了读的能力，读的兴趣才会越来越浓，才会越来越爱读书。这一培养过程需要持之以恒。

低段的要求是"要准确，有情感"。这主要是针对刚学会汉语拼音的小学一年级学生。这一时期正是培养他们正确的朗读习惯的好时机。低年级有许多朗朗上口的课文，特别是儿歌，学生都很喜欢。这些内容对于培养语感、规范发音，以及培养对母语的情感都有良好地促进作用。

中段的要求是"会默读，批感受"。这一要求基于小学生的年龄特点以及语文课程标准制定。这个学段的读书就要带着思考去读了，与语文课程的阅读结合起来。在读的时候还要求学生把自己的感受写下来，从而培养他们深度阅读的能力。

高段的要求是"有疑问，求确义"。对于高年级的学生来说，要做到边读边思考，同时，还要做到有疑问的时候想办法去找答案。正所谓"小疑则小进，大疑则大进"，只有不断地去思考去求解，才能促进学生主动地阅读与思考。

4.看的习惯

看的习惯，也就是观察的习惯，这在小学生的学习生活中占了很重要的位置。观察对于一个小学生来说是极其重要的，而且在每一个学科中都能发挥重要作用。语文课上要写好字，临摹字帖，主要靠观察。数学课上要求观察的内容可以说每一节课都有。英语课、科学课、美术课、音乐课、体育课等课堂上，观察能力都发挥着重要作用。在生活中，学生细致的观察习惯会影响他们终身。

低段的要求是“有序看，形色数”。有序看，就是有顺序地看，或从左到右、或从右到左、或从上到下等；形色数，就是观察不仅要有顺序，还要从形状、颜色、数量等方面来观察。这样，慢慢地学生就会从粗心地观察到细致地观察，从而更好地发现生活中的点点滴滴。

中段的要求是“对比看，异同点”。这与数学课的要求结合比较多。两个事物进行比较，要找到事物的相同点与不同点。在教学中，教师要有意识地引导学生去分析、比较、观察，培养其观察能力。

高段的要求是“深入看，特别处”。对高年级学生的要求相对高一些，即深入细致地看。这个深入细致地看就是要调动学生的记忆，找出之前看到的此类事物的特点，再与之进行对比。

（二）培养生活习惯，提高生活品质

在个人与自我的纬度中，我们选择了学习和生活两个方面的行为习惯。学习是基础，但生活也绝对不能忽视。有研究表明，良好的生活习惯对学习能起到正面的促进作用，而且健康的身体也是学生正常学习、生活的基础。

1.重饮食，明常识

低段的要求是“早餐多喝水，不挑食不偏食”。据调查，小学生早餐质量普遍不高，家长对此颇为头疼。因此，从入学起，我们就提出要重视吃早餐。要先教学生怎样才算吃好早餐，也让家长明白学校的要求。通过家校配合，就可以有效地促进学生养成良好的早餐习惯。同时，强调不挑食、不偏食，从营养均衡的角度对学生的早餐提出了要求。

中段的要求是“吃多品种果蔬，垃圾食绝不吃”。对中年级段的学生的要求主要放在多吃水果和蔬菜上。现在学生普遍存在肉食摄入过多的问题。肉食品种多且味道多样，导致大部分学生对肉食品都有特别的偏好，因此提出这样的要求，希望能有所改善。同时，中年级段的学生大部分都有零花钱了，而市场上各种食品的诱惑很多，加之小学校门口的小摊小贩屡禁不止，因此要强调不吃垃圾食品，让学生有分辨选择的能力。

高段的要求是“明常识懂搭配，不暴饮不暴食”。到了高年级，学生具备了一定的认知和学习能力，就可以在这方面进行要求。通过自己明白饮食搭配的原理，从而更好地保持良好的饮食习惯。同时，强调不暴饮不暴食的要求。现在许多成年人对于这一点也做得不好，致使得胃病的人大有人在。因此，从小让学生养成节制的良好习惯对保持身体健康至关重要。

2.讲卫生，身心洁

低段的要求是“身体洁衣冠正，不乱吐不乱扔”。针对当前低学段学生依赖家长照顾，自理能力较弱的特点，提出这样的要求。在实际落实中，真要做到还有点吃力，需要教师采取各种方式持续培养。不乱吐不乱扔，特别是做到不乱扔非常困难，有时学生并不会有意乱扔，但座位下就是不断有纸屑产生。

中段的要求是“勤洗手常整理，不乱吃不乱用”。随着中年级段的学生参与活动的增多，学习的、交往的、劳动的，因此提出要做到手脏了及时洗手，特别是饭前便后。整理的习惯更是重要，我们总是会发现有些学生经常有找不到作业等情况。不乱吃不乱用，主要是中年级的同学大部分都有些零花钱了，不乱吃的要求对有些学生还有点困难，不乱用主要指保持卫生用品的清洁干净。

高段的要求是“勤换洗仪表端，生理期坦然对”。高年级的学生可以自己根据天气的变化来换洗自己的衣服，减少对父母的依赖。同时，到了高年级，学生明显有了追求美的意识，这个时候给他们提出美的标准是干净端庄，以避免有些学生受不良风气的影响。高年级的学生都会发生生理变化，如果没有正确引导，很容易引起学生的焦虑和不安，甚至影响身体的健康发育。

3.勤锻炼，重坚持

低段的要求是“跳短绳要坚持，重安全一小时”。这一要求与学校每学年全班学生都参与的跳绳比赛相结合，班主任每天都会布置回家跳绳的任务。这项运动全员参与，大家互相比赛，氛围很好。只是有些学生在运动会结束之后，就不再坚持跳绳，这个很可惜。现在学生的活动量太少，一是由于作业任务重，二是由于仅有的闲暇时间被电视机、电脑占据。因此，让学生养成坚持锻炼的习惯对他们的一生都将产生重要的影响。当然，在运动的过程中，安全问题是低年级的学生要特别注意的。

中段的要求是“做两操须认真,要掌握一技能”。中年级的学生在做早操与眼保健操的时候存在动作不到位的问题。因此,教师要及时帮助他们改正。同时,中年级的学生已对一些运动有了一些了解,应鼓励学生选择一项自己感兴趣的运动进行强化训练,争取掌握一项运动技能坚持下去。

高段的要求是“做锻炼有计划,爱运动乐趣多”。到了小学高年级,我们希望学生能做到有计划地锻炼,并且可以查阅一些资料进行科学合理的安排,与学习活动形成有益的互补。同时,选择一项自己感兴趣的运动深入地了解并参与,享受运动,为精神生活注入正能量。

4.有规律,争朝夕

低段的要求是“按时起按时睡,不迟到不早退”。这个习惯对于低年级的学生而言不是很困难,因为他们的学习任务不重,但要养成习惯也不容易。如果家长配合得好,学生养成了这个好习惯的话,对于他们的身体健康和个人成长会起到很好地促进作用。同时,养成不迟到不早退的行为习惯后,学生无论是学习还是做事,效率会更高。

中段的要求是“吃有时食有量,吃完饭息半时”。这个要求指的是吃饭要做到定时定量,这是健康饮食的重要条件。定时对于小学生来说不难,主要是定量就显得有点困难了。吃完饭之后,教师应提醒小朋友要休息半个小时后才能运动,这一点对于小学生来说有点难做到,这需要教师和家长慢慢引导。

高段的要求是“限定作息,只争朝夕”。对于高年级的同学,我们要让他们有意识地规范作息时间,使生活有规律。以此合理有效地利用时间,珍惜美好时光。同时,培养学生养成做事不慌乱的习惯,每件事情在做计划的时候都要留有足够的时间,这样做事才会从容不慌乱。

二、个人与他人:待人之道

人在社会中生活,与他人的交往是不可避免的,没有人孤立于社会。如何处理好个人与他人的关系无疑是人生的重大课题。良好的人际关系能让生活轻松很多,容易很多。

现在学生大部分都是独生子女，他们往往缺乏与他人交往的技能，更不善于通过肢体语言传递自信、友好和平和的积极信号，缺少正确的交往方式。而一个人的交往习惯常常会决定他的才能是否被社会所认可。一个人要在社会上生存，就必须学会社会交往。每个人每天都需要从他人那里获取信息，学习他人的经验和技能，以及进行沟通协调，合作完成工作。所以，良好的交往习惯、和谐人际关系的培养是十分必要的。

1.讲诚信，为人本

低段的要求是“用要借借要还，假大空不要言”。低年级段的大部分学生对于借别人的东西没有概念，以为是像在家里一样，可以随便使用。因此，低年级段的学生很喜欢告状，说别人偷了笔或书之类的。这个时候提出这个要求是很有针对性的。

中段的要求是“愿守诺敢担当，有错改无加警”。诚信是立身之本与社会发展之基石，要培养学生从小事做起，言出必行，勇于担当的责任意识。小学生所经历的事情不太复杂，做到守承诺应该不是很困难。同时，也要教会学生不要轻易许下承诺，承诺之前要思考自己是否能够完成。有错误要马上改正，同学犯错自己也要警惕。

高段的要求是“凡出言信为先，凡做事实为本”。在中年级做到愿守诺的基础上，高年级我们提出要做到讲信用，从小做一个讲信用的人，这样会令学生受益终身。凡做事，诚实、老实、踏实为本，养成求真务实的好习惯。

2.懂礼仪，不伤人

低段的要求是“善问好用敬语，敲门进不要扰”。培养低年级的学生爱问好的习惯能显著提升整个学校的文明风貌，使用敬语更是文明礼貌的重要体现。当我们进入办公室或他人的房间，都要养成敲门的习惯。这个细微的举动会直接影响他人对入门者的第一印象。

中段的要求是“谦礼让尊习俗，私短处不嘲笑”。中年级的学生常因琐事发生矛盾，如果能做到相互谦让，那么就会少许多纠纷。同时，无论我们到哪里，都要尊重当地的习俗，即使是到别人家做客，也要尊重主人的各种爱好和习惯。同学间的多数矛盾往往源于对他人缺点、短处的嘲笑，这样会直接引起矛盾冲突，甚至引发学生之间大打出手。因此，做到“私短处不嘲笑”不仅是文明的体现，也是人与人相处时基本的尊重。

高段的要求是“己不欲勿施于人，细体察不伤人”。高年级的学生结合国学的学习，理解“己所不欲，勿施于人”的做人原则，这是对学生善良与慈悲心的培养。同时，高年级的学生还应把自己的心平静下来，多观察与思考，时刻注意避免伤害他人。

3.善沟通，多理解

低段的要求是“愿交流乐分享，多赞美少指责”。对于低年级的学生，他们刚进入学校，对新生活感到兴奋。这个时候适机让他们之间多交流，乐于分享，很容易养成良好的交往习惯。同时，引导他们多去发现身边同学的美好，多赞美少指责，以形成良好的交往氛围。

中段的要求是“愿倾听善理解，多倾诉少抱怨”。一方面，我们要培养学生愿意与人交流的意愿；另一方面，我们要培养他们耐心倾听的能力，学会理解对方的心情。当他们有负面情绪的时候，引导他们通过倾诉来释放，尽量不去或少去抱怨，让正能量陪伴他们成长。

高段的要求是“沟通时讲理性，重方式不放弃”。虽然对高年级学生提出这个要求具有一定挑战性，但我们可以循序渐进地引导学生掌握人际交往中的关键能力——有效沟通。沟通的时候，学生首先要调整自己的情绪，不要带着负面情绪与人交流，否则不仅达不到目的，可能还会使关系恶化。因此，与人沟通之前，要理性思考，根据沟通的人的性情选择恰当的方式。如果一种方式不行就选择另一种方式，保持耐心不放弃，才能达到良好的沟通效果。

4.愿合作，大家乐

低段的要求是“平等爱，善对待；多尊重，学分工”。我们希望从最开始就让学生树立人际交往的基础理念，那就是人人平等。此外，我们还可以通过简单的分工合作，帮助学生初步建立合作意识，逐步提升协作效率。

中段的要求是“多请教，愿分担；多求同，少存异”。中年级的学生在小组活动期间，可能会遇到比较难的问题，这个时候就需要鼓励他们大胆请教，不懂就问。当然，在这个过程中，肯定会出现不同的意见，这就需要倾听别人的意见，适当地调整自己的观点，以求得基本统一。

高段的要求是“会协作，能共进；多包容，大家乐”。到了高年级，更要懂得彼此协作，同心协力高效地完成任务。在小组合作的过程中，难免会发生各种矛盾，要引导他们在小集体中学会彼此宽容，从而和谐地与大家相处。

三、个人与国家：公民之责

人生是由复杂多样的社会关系和社会活动构成的。个人与社会不可分离，社会是个人生存和发展的基础，个人是构成社会的前提。众多个体为了群体的利益组成国家的同时产生了社会，三者相互依存，相互促进，缺一不可。个人应该为了国家的兴盛，社会的进步，做出自己的贡献。

社会公德就是对个人在社会生活中的方方面面提出的基本规范和要求。《新时代公民道德建设实施纲要》做了明确规范，即“文明礼貌、助人为乐、爱护公物、保护环境、遵纪守法”。结合学生的特点，我们提出了四个要求，以帮助他们树立正确的世界观、人生观、价值观。

1.守规则，规范行

低段的要求是“过马路行横道，出必告返必晓”。低年级的学生，安全出行意识还不够，他们很多时候都是家长接送，但家长和老师不能随时随地都跟随在身边，难免有单独行走的时候，那么就应让他们牢记过马路的规则——红灯停、绿灯行。离开家长或老师的时候要告诉一声，回来的时候，即使再晚也要汇报，以免大人担心。

中段的要求是“排队时有秩序，礼尊长让弱小”。中年级的学生要培养良好的秩序意识，在各类活动和游戏中自觉排队。对待长辈要讲文明懂礼貌，尊敬老人，同时，对比自己小的人或能力弱的人也要谦让。

高段的要求是“公共场规范行，有无人同样行”。高年级的学生凡是在公共场合，都要按照要求约束自己。不管有人或是无人，都应按照规范进行，自觉遵守社会公德。

2.讲文明，懂礼貌

低段的要求是“声适中立端正，语礼貌脸微笑”。对低年级学生进行行为细节的规范很重要。在低年级的时候，我们就要求学生不要太大声说话，但也不要太小声，以免大家听不到。说话的时候除了注意音量以外，还要注意说话的态度，语言要使用文明用语，说话的时候最好保持微笑。

中段的要求是“迎送时要恭敬，公共场要轻声”。在中年级的时候，我们要求学生做到文明待客，既要礼貌地迎接客人，又要恭敬地送别客人。在公共场合时，要注意不要影响周围的人，交流以对方能听见的声音为好，轻声说话，文明有礼。

高段的要求是“得于人应回报，负于人应补偿”。到了高年级，我们要求学生学会礼尚往来，得到别人的帮助时不仅要会说谢谢，还要努力回报，用实际行动感恩；而对不起别人的地方，应想方设法进行弥补，从而维护良好的人际关系。

3.爱环境，护花草

低段的要求是“放物品有定处，用完后还原处”。这个要求对于小朋友来说非常重要。有许多学生总是找东西，一会儿书不见了，一会儿作业本找不到了，这些小事总是影响他们的学习心情和效果。因此，刚入学就让孩子养成良好的放物品与将物品放归原处的习惯，会使其终身受益。

中段的要求是“缺坏脏要补之，房室清环境净”。这是关于爱惜物品的习惯。让学生从爱自己身边的小物品、小环境开始，慢慢养成爱护环境的好习惯。特别是小男孩，这个习惯较难养成，一旦养成这样的习惯，他们细致的习惯也会随之形成。

高段的要求是“节水电护花草，责任区勤打扫”。爱劳动是中华民族的传统美德，现在的教育在这方面有一个很大的缺位。

4.有爱心，多奉献

低段的要求是“好东西愿分享，家务事愿分担”。现在的孩子从小被大人围着转，有不少孩子比较以自我为中心。因此，我们让学生从小东西开始，乐意去分享自己吃的、用的、玩的。同时，家务事也愿意去承担。这样就把爱劳动、爱家人的教育落实到行动中来了。

中段的要求是"乐助人人助乐，公共事齐努力"。"乐助人"即中年级的同学要做到乐于助人。而"人助乐"强调懂得接受帮助并表达感谢同样是重要品格。"施"与"受"对于小学生的品格形成同样重要。

高段的要求是"天地间皆须爱，公益事多参与"。"天地间皆须爱"指的是我们的学生要有大爱，天地间的人、动物、植物及自然风光都要爱。"公益事"是培养学生关心身边事、关注天下事的情怀，也是培养小公民的有效途径。

第二节
知行合一　关注过程

评价的价值取向要以学生发展为本，既要关注学生学习的结果，也要关注学习的过程；既要关注学生学习的水平，也要关注学生在学习活动中所表现出来的情感与态度。行为习惯是学生在学习过程中经过反复练习而形成并发展的。因此，作为评价者，教师必须在学习过程中去观察学生的行为习惯，这样才能真实、完整地评价学生的行为习惯。通过评价引导学生及时调整自己的行为习惯，展现了“实践—认识—再实践”的过程。

学校特别关注学生良好行为习惯的养成过程，并形成了一系列有效的培养策略和培养方法。

一、养成有据

学校在“知行合一”思想的影响下开展的学生行为习惯培养的研究，汲取了以王阳明与苏格拉底为代表的知行观，相信人性本善。在培养学生良好的行为习惯时，根据他们的年龄特点，采用各种有效策略，激发学生形成良好行为习惯的自觉意识，使他们能够坚守善念，积极践行善行，从而在任何情况下都主动保持积极向上的行为习惯。当然，在此之前，还应该让学生明确对其终身发展有益的良好的行为习惯内容。

在“知行合一”思想影响下，学校的研究主要以如下三个指导思想来促进学生养成良好行为习惯。

1.先知后行,情意结合

先知后行,就是先让学生明白良好行为习惯的标准及其形成的重要性,然后付诸行动;情意结合,就是让学生对良好的行为习惯产生兴趣并树立克服困难的信心,也就是调动他们的积极情绪和意志力。

行为习惯是衡量一个人思想品德水平高低的主要标志。知、情、意、行是构成思想品德的四个基本要素。知,即道德认识,是人们对道德规范及其意义的理解和掌握,对是非、善恶、美丑的认识判断和评价,以及在此基础之上形成的道德辨识能力,是人们确定对客观事物的主观态度和行为准则的内在依据。情,即道德情感,是人们对社会思想道德和人们行为的爱憎、好恶等情绪态度,是进行道德判断时引发的一种内心体验,对品德认识和品德行为起着激励和调节作用。意,即道德意志,是为实现道德行为所做的自觉努力,是人们通过智力权衡,解决思想道德生活中的内心矛盾与支配行为的力量。行,即道德行为,是人们在行动上对他人、社会和自然所做出的行为反应,是人内在的道德认识和情感的外部表现行为,是衡量人们品德的重要标志。

知、情、意、行各个要素是相互作用的,一般来说,知是情的基础,情又影响知的提高,行是知、情、意的外部表现,知是行的先导,行是知的目的。因此,我们实施德育要知行统一、晓之以理、动之以情、导之以行、持之以恒。

在实践过程中,我们主要采用的方式有:学科教学中渗透行为习惯的教育,校本课程修身课中集中教授,利用校会、队会、早会的时间进行"知"的普及等。此处的"知",主要强调通过教师的教授而获得,从而让学生产生形成良好行为习惯的动力和克服困难的意志。

2.先行后知,施受并重

先行后知,也就是让学生有一定的行动基础,让其在行动中学习,在行动中获得道德认识与道德情感,即实践出真知。施受并重,指的是施予行为和接受行为的同时培养。

我们经常发现:赞美是容易的,对赞美做出合适的反应是难的;助人是容易的,如何以恰当的方式回应他人的帮助是难的,因此我们会引导学生思考并实践：当别人表现出良好行为的时候，我们该怎么办；当别人表现出不良行为的时候，我们又该怎么办。通过体验良好行为习惯带来的愉悦感，强化行为习惯的“知”，激励行为习惯的“行”。此处的“知”主要通过学生体验的正反刺激而获得。这些反应本身可以同时成为一种道德刺激，激励、抑制、调整、启发学生的行为方式。

3. 知行交替，思修共进

知行交替，就是边知边行。此时的“知”主要强调过程，强调在行动中感悟，进而获得相应的道德认识。思修共进，强调对行为习惯进行反思与改进，从而让良好的行为习惯在边知边行中得到保持。

“思”必须以“行”来落实。“非知之艰，行之维艰”“若知而不行，犹如无知”“知而弗为，莫如勿知，亲而弗信，莫如勿亲”“纸上得来终觉浅，绝知此事要躬行”等经典名言说的都是这个道理。在行动中反思，在反思中行动，逐步培养学生的良好行为习惯。

在实践过程中，班主任经常采用的方式是一段时间发现问题后，针对性地举行主题队会，让学生反思自己的不良行为习惯。通过大家的讨论与分享，帮助学生进一步认识到不良行为习惯的危害及改正的意义，进而回到实践中去修正自己的行为习惯。此处的“知”，主要指学生通过对自己行为进行反思而获得的认知。

例如，有些学生爱玩游戏机，家长对其进行了严厉教育，但收效甚微。于是，班主任在“知行交替，思修并进”这一思想的指导下，举办了一次辩论会——“玩游戏的利与弊”，通过列举大量的实例，帮助学生进一步认识到玩游戏的危害性。学生纷纷表态要改正这一不良习惯。这是“知”。接下来，学生就有意识地与自己的不良习惯作斗争，并做好记录，这是“行”。两周之后，全班学生又进行交流，教师发现有些学生有进步，有些学生虽然思想上克制，但行为上总是有差距。于是，教师请大家说说游戏行为得到控制与失控之后的感受，大家进一步总结经验与教训，反思改进方向：一是从总量上进行控制，从以前每天玩一次变为每两天玩一次，一周不超过三次；二是请家长配合，主动要求家长把电脑收起来；三是几个关系要好的同学可约定一周之中只在固定的时间里玩游戏，并相互提醒监督。这是进一步的“知”。接下来，学生须对自己的不良行为进行纠正，并做好相应记录。两周后再进行交流总结。如此循环反复，学生基本养成了上学时不玩游戏，周末合理安排游戏时间的好习惯。学生在这一过程中，既改正了不良行为习惯，又让自己的思维能力、解决问题的能力得到了提高。

二、落实为重

有了指导思想，接下来就是贯彻落实。根据学校的课程特色，结合学校的传统活动以及学校的地域特色和文化元素，我们主要通过以下途径来培养学生的行为习惯。

1.以课程为主渠道

学校为一到六年级的学生每周开设了一节校本课程，这是公民素养教育实施的主要方式。我们根据小学生的年龄特征和认知特点，按照循序渐进的学习原则，构建了系统的国学教育体系：一至三年级的学生主要学习《弟子规》的核心内容；四到六年级的学生则从传统启蒙学习的内容中选择与行为习惯相关的内容进行学习，包括《三字经》、《千字文》、《笠翁对韵》（选）、《论语》（选）。这个体系有助于少年儿童在六年的学习过程中逐步汲取国学启蒙教育的精华，并能将其外化为规范的道德行为。

我们还将中国传统文化中的琴、棋、书、画、武术等元素融入课程辅助活动，开设了音乐课程辅助活动——吹竖笛、美术辅助活动——国画、体育辅助活动——围棋和武术、书法辅助活动——毛笔字。这些课程活动的设置，对培养学生良好的行为习惯起着积极作用。

2.以德育阵地为平台

本书着重解决小学生的道德认识与道德行为统一的问题，这属于学校德育工作的一个部分。因此，学校围绕课题目标，全面整合德育活动，试行“333德育工程”。

三大主题:分别围绕“我爱父母”“如何尽孝”“孝道我能行”这三个主题开展讲座、讨论活动,让学生明确“百善孝为先”的道理,从而自觉地修正自己的行为。

三大传统节日:依托学校每年一次的“五月鲜花艺术节”“全民健身体育节”“金钥匙科技节”,从活动的设计、展示到评价各环节,都注重引导学生养成良好的行为习惯,营造家、校、社协同育人的良好氛围。

三大阵地:朝会、班(队)会、校会是德育实施的主要阵地。通过每周的全校集会来表彰先进典型,树立学习榜样;通过每周一次的班(队)会,引导学生能够从小队入手,形成比、帮、引的良好班风;通过每天一次的朝会,及时发现学生的闪光点与不足,有针对性地调整研究的方向。同时,把德育的评价活动融入进这三大阵地中,“文明班集体”“文明学生”等,都是从学生的日常行为习惯入手进行评价,从而形成德育教育的一个完整的体系。同时,也形成了以下策略:

(1)自上而下,激发热情

学校从个人与个人、个人与他人、个人与国家三个维度重点培养学生的学习习惯、生活习惯、交往习惯和公德习惯,同时设立各年段具体的行为目标。学校制定了行为习惯评价手册,对每个班级行为习惯的培养情况进行评比,特别设立“中华星行为基金”作为奖励,大大激发了学生的参与热情。

在每周一的校会上,德育处会对上周各个班级的表现进行打分评比,在低、中、高学段选出优秀班级和进步班级各一个。同时,明确本周评比重点以及相应的奖惩措施。大队部的值日同学对该周评比重点进行检查,做得好的班级发放“中华星行为基金”,做得不好的或者需要改进的班级明确提出整改要求,不发放“中华星行为基金”。大队部检查的范围包括朝读、校会、做操、午间管理、午间眼保健操、放学管理。这为培养全体学生在校期间的行为习惯确立了标准。

(2)自下而上,聚集合力

各个班级在行为习惯评价过程中主动参与,积极提出建议,为行为习惯的评比建言献策,与学校行政形成了一股合力,极大地促进了行为习惯评价的推广和落实。

大队部的学生按照当周评价重点对各个班级进行检查时，由于自身经验不足，尺度拿捏不准，容易造成错评。被检查班级的学生为维护班级荣誉据理力争，容易产生矛盾。例如午间管理卫生检查中，矛盾主要集中在检查时间、检查内容、检查标准上。有时任课教师要讲题、布置作业，这时大队部的学生就不好进教室检查；对于大队部的学生来说，检查内容和检查标准也是个难题，如果卫生标准定得太严，不允许有一点儿小碎屑出现，那么就很少有班级能获得“中华星行为基金”，打击了学生参与的积极性；如果卫生标准定得太松，那么就会造成平均主义，所有的班级都得到了“中华星行为基金”，体现不出差别。在这个时候就需要班主任广泛征集学生的意见，就卫生检查这一问题如何做到公平公正又有效果进行讨论。各个班的班主任收集意见后向德育处反馈，德育处以此为依据，改进检查时间和检查标准。根据学生的意见，大部分学生可以在12点50分左右吃完饭，花5分钟时间做完清洁；和任课教师进行沟通，明确13点前为学生吃饭、休息的时间，不布置作业和评讲习题。大队部的学生将检查时间定在12点55分到13点之间，对这个时间的调整大家都感到满意，这就是自下而上充分沟通的结果。

(3)内外结合，形成共识

开展“行为习惯评价”这个活动，校方得到了全体家长的信任和支持。当家长看到孩子在学校“行为习惯评价活动”中的收获，以及这些收获在孩子一举一动中得到体现时，充分理解了学校的意图。双方就培养孩子的良好行为习惯达成了共识。

班级家委会和校级家委会为班级面貌的改善、班级活动的开展、校级活动的顺利进行提供了大力的支持。自从有了家委会，班级面貌发生了巨大变化：以前斑驳的墙壁变得焕然一新，洁白无瑕；学生的书法、绘画等艺术作品给教室带来了艺术气息；班级活动由于得到了家委会人力、物力的支持，搞得有声有色；全校的班级都有自己特色鲜明的班服，使学生有了更多归属感。校级的大型活动也得到了家委会的大力支持：有的家长负责摄影，有的家长负责安全保障工作，等等。家委会成员结合自身工作，给学生带来了丰富多彩的第二课堂：有理财课、健身课、安全防盗课，等等。家委会的成立为学校和家长之间建立了一个和谐沟通的桥梁，家委会成员负责真诚的态度带动了一大批家长积极为学校、班级的建设出谋划策。

3.以“中华星行为基金”为助推器

学生行为习惯的养成是一个循序渐进、潜移默化的教育过程，是培养都市公民素养的基础。学校大队部一直以来实施“五星评比”制度，从智慧星、洁净星、礼仪星、活动星、锻炼星等五个方面对班级进行评价。将“雏鹰争章”活动与校本课程相结合，以行为习惯的培养为重点，细化学生个人行为的评比标准，拟实施“中华星行为基金计划”，形成大队—中队—小队的评比争星体系。通过自上而下的激励机制和自下而上的评比落实，实现学生自我成长和培养集体荣誉感的双赢，促进学生自主管理能力的提升，养成良好的学习、生活、做人、做事的习惯。我们主要分学生个体与班集体进行评价。

(1)班集体

获取基金：每周根据大队部风纪队员的评分，统计各班智慧星、洁净星、礼仪星、活动星、锻炼星的争星情况。根据五星评比结果，大队部分发相应的中华星基金数到各班。班主任结合学生的一周行为表现，将五星分发到个人手中。

班级获得五星：获得50颗中华星基金。

班级获得四星：获得40颗中华星基金。

班级获得三星：获得30颗中华星基金。

班级获得二星：获得20颗中华星基金。

班级获得一星：获得10颗中华星基金。

班级未获星级则不能获得基金。

扣除基金：班级如有违纪情况，经大队部工作会讨论，校行政会通过，扣除相应的班级基金。

(2)学生个体

获得基金：根据每周班级争星情况，各班获得相应的中华星基金数。根据个人在班级中的一周表现，班主任将基金分发到个人手中，由学生自行保存。遗失不补，基金可以不限年累积。

奖励：个人若积满对应的基金数，可兑换相应基金数的礼品。

扣除基金：如违反相关交往礼仪，经核实后将扣除个人相应礼仪基金，并收回相应的中华星基金数。

个人比赛：学生参与校级以上展示或比赛，可获得由大队部直接颁发的活动星基金。学校及教委组织的区级展示5分/人，区级比赛：一等奖10分/人，二等奖8分/人，三等奖及以下5分/人。市级展示10分/人，市级比赛：一等奖15分/人，二等奖12分/人，三等奖及以下10分/人。全国展示20分/人，全国比赛：一等奖30分/人，二等奖25分/人，三等奖及以下20分/人。（一等奖1、2名，二等奖3、4、5名，三等奖6、7、8名。自行参加比赛的基金为以上相应基金的一半。自行参加比赛的学生，可凭获奖证书于每周五13:00—14:00在大队部兑换基金）

在校级以上推优评先中，个人基金数作为评选的重要参考条件。

（3）“中华星基金”礼品兑换

兑换形式：学生若积满相应基金数，由大队委确认登记，收回中华星基金，便可兑换到相应基金数的礼品。

兑换时间：每月最后一周的周三、周四13:00—14:00。

兑换地点：图书室。

五星礼品：

五星礼品均由学校特别设计和定制，不能购买，只能通过相应的中华星基金向学校兑换。学生通过自己规范的行为，文明的礼仪获得基金来换取具有特殊意义的礼品，从而实现自主管理、自我成长。大队部还会根据当月主题和活动，推出基金数较少的特别礼品（如鲜花等）。

表6–1　五星礼品兑换表

特色礼物	所需中华星基金
儿童画丝巾	100分
儿童作文伞	50分
儿童画挎包	30分
水彩笔、油画棒	20分
笔记本、发夹、卷笔刀、文件袋	10分
书签、铅笔、橡皮	5分

4.以学校老师行为为先导

著名教育家叶圣陶曾说过:“教育工作者的全部工作就是为人师表。”这就是说我们做教师工作的,必须规范自己的言行举止,要以自己的“言”为学生之师,“行”为学生之范,言传身教,动之以情,晓之以理,导之以行。教师的行为是学生行为的先导。“其身正,不令而行”,教师的日常教育教学行为习惯是教育有效实施的前提。加强教师的培训使教师的观念更新,加强教师的行为实践使教师与学生同行,加强教师的行为实践效果使教师对学生的教育更有说服力。只有教师身体力行,才能给学生以身示范,更好地推进公民素养教育。

在教师与学生的交往中,教师的任何行为,无论是有意识的还是无意识的,无论是面向学生还是同事,无论与教育有关还是无关的,都起着传递信息、交流思想、沟通感情的作用。教师的良好形象是学生学习的表率。教师的积极行为,往往比说教更有力,因为行动更直接、直观。因此,教师良好的行为习惯对学生的行为习惯养成有着良好的引导作用。

5.以“学生行为习惯论坛”为提升

外请专家,内请骨干教师开展系列讲座,让学生不断学习反思。每个月,我们会根据学生行为习惯中做得好的或者不足的方面,有针对性地开展论坛活动,从而找寻进一步的策略。

每两周学校大队部会在每个班推选两名发言代表,将学校、班级中良好的行为习惯和不良的行为习惯进行汇报。这对不良习惯的纠正起到了良好的促进作用。

6.以培训家长为助力

家庭介入能够以自然、直接和持续的方式影响儿童的行为发展。这样,就能够在儿童与其独特的环境的互动过程中,自然地实现其课程目标。事实上,每个家庭特有的文化、生活方式和价值体系都会被整合进课程计划,因为家庭最终决定着孩子的学习内容和学习方法。家庭为了解孩子行为提供了更丰富的场景,许多在校园环境中难以显现的行为特征都能在家庭生活中得到充分展现。

为了更好地促进家长参与学生行为习惯的共同培养，我们特别开办了家长学校，主要是通过各种形式的培训、讨论，帮助家长与学生一起成长。家长学校是以学生家长为服务对象，有计划、有组织、系统地介绍现代教育理念，使家长掌握家庭教育的基本原理、规律和方法，树立正确的家庭教育观念，提高自身素质和家庭教育水平的教育组织机构。作为连接学校教育、家庭教育和社会教育的重要纽带，家长学校致力于增强家庭教育的自觉性、计划性和科学性，促进家庭教育科学化发展，推动家、校、社协同育人，通过三方的努力，把学生培养成为德、智、体、美、劳全面发展的社会主义事业建设者和接班人。

家长学校认真准备并举办首届“十孝家长”的评选活动，要求家长写好优秀事迹的介绍材料，在广大家长中推介，还收集了家长的经验论文。在这批优秀家长的带领下，评选活动起到了很好的效果。学校的各项活动，家长们都积极参与、大力支持。

三、行中有方

良好的行为习惯直接影响着小学生的学习生活与学习质量，对于学生的终身学习会起到很好地促进作用。但培养良好的行为习惯绝不是一蹴而就的，学生有许多习惯在上学之前已经养成，纠正起来是很困难的事，需要反复地进行纠正。在实践中，我们主要总结了以下做法。

（一）学习习惯，重在落实

学习习惯培养的主阵地应当是在课堂上。要形成良好的学习习惯，最重要的是认真地将每节课的要求落实。为此，我们根据课堂教学的特点，设计了《课堂上我能行》评价手册，由任课教师对学生每节课的学习习惯进行评价。每个学科对学生的要求不一样。由任课教师先在班上明确，再告知班主任，然后按照这样的要求对学生的课堂学习习惯进行评价，表现好的给五星，表现不好的由任课教师填写其不足的地方。同时，在每周评选优秀班级时，每节课的得星数是一个重要的评价依据。通过这个评价手册，班主任可以有针对性地提出每周学习习惯培养的重点，从而让学生学习习惯的培养更有实效。

叶圣陶先生说："果真要养成他们良好的习惯，最重要的是顺应他们的心情。"小学生具有好奇的天性，最容易受情感因素的干扰。课堂枯燥乏味，学生的注意力肯定容易分散，那么认真倾听授课内容也就无从谈起了，因此教师要顺应学生的心理，在日常教学中充分利用学生的天性，善于创设教学情境以激发学生倾听的欲望。

低年级学生的自制力相对较弱，旁边一有动静就会东张西望。有的学生看似认真听讲，却回答不出教师的提问。这都在一定程度上影响了学生对知识的吸收效果。所以，教师要设法引导学生听讲，在教学中要运用这些方法：

一是将所学知识设计成游戏，充分利用学生模仿能力强的特点创设情境，提高他们学习的兴趣。二是在学习或者强调要求时经常提问题，用以提醒学生，达到提示作用。三是适时地请学生做示范，如朗读示范、动作示范、解题示范。四是在练习的过程中合理安排学生展示的环节。

培养认真倾听的习惯时，针对低年级学生的年龄特点，我们还采取了一些语言的引导，例如，"你觉得他（她）说得怎么样？""注意听他（她）说的和你想的一样吗？""你有不同的意见吗？""他（她）哪些地方说得好？你能说得更好吗？"或者，"你听懂他（她）说的是什么意思了吗？你赞成吗？你有什么疑问要问？"同时，教会学生用"我认为……""我想补充说明……"等句式参与交流，强化学生的倾听能力。

（二）生活习惯，注重细节

生活习惯的培养需要特别注重细节，我们就从小事着手对学生进行习惯养成性教育。第一，要求学生要注意饮食习惯，饭前便后洗手，吃饭时不要掉饭菜在桌上，等等。第二，教育学生不要乱花钱，不随便向家长要钱。第三，教育学生珍惜自己和别人的劳动成果，关注细节，关心集体，负起责任。如离开教室时应及时关灯、关电扇、关电视机，从节约一度电、一滴水、一张纸、一粒粮食做起。通过明确奖惩措施帮学生形成爱卫生的习惯。对小学生的公德教育要从言谈举止、待人接物等小事、小处抓起，而且要常抓不懈。

注重细节比较考验学生的细心与耐心,学生做事的速度会慢下来,但边做边看,边做边思的习惯会慢慢形成。这对于那些有些浮躁、有些粗心的学生有些难度,但通过一段时间的培养,会得到一些改善。

(三)交往习惯,互动体验

这一策略主要是让学生体验行为习惯的施予者角色与接受者角色,并交流其中的感受、情绪,从而获得良好行为习惯带来的积极的情绪体验。在实践过程中,一是要学生主动参与,二是要学生之间有效互动,三是努力让学生获得积极的情感体验,四是培养学生的自我监督与反思能力。

在学生交往习惯形成的过程中,我们特别关注日常交往中发生的典型事例。通过抓住这些具有代表性的事例,展开充分的讨论,引导学生从正反两个方面去思考事件的对错,从而在思想上杜绝一些错误的认识。比如,什么是义气?通过讨论大家明白了只有真正能够对朋友起到帮助的事才叫义气,这样就可以避免一些为了友谊而发生的不良的行为。

(四)公德习惯,创设情境

创设情境是在培养学生行为习惯时,教师根据要修正的某一行为习惯,提供一种具体的生活情境,让学生设身处地地感受,使学生乐学、好学所采取的一种策略。借助鲜明生动的形象、真切动人的情意、宽阔感人的意境,以及耐人寻味的哲理,使行为习惯的培养更有趣也更有实效。创设情境要注意既要为学生的行为习惯提供实践平台,又要激发学生的兴趣。

比如,要教学生对人"语礼貌",最简单的是教其"嘴巴甜",见到熟人,比如邻居阿姨,要喊"阿姨好";对在楼道里做清洁的阿姨和小区的保安,都可以热情地说一声"您好!""辛苦啦"之类的问候语。家长亲身示范,同时也要求孩子这样做。孩子会从中感受到人与人之间的热情友善是多么令人快乐。当孩子主动打完招呼,"真乖""真能干"之类的简单之语肯定就是其他个体对他们正确行为的正面激励和反馈。所谓言传身教,就是从这些细节入手。

我们还结合重大节日及纪念日,大力开展各种德育活动来为学生习惯的培养搭建平台、创设情境,便于他们从中获得真实的体验。例如,通过"学雷锋”活动、“敬老院送温暖”“文明礼仪伴我行”外出实践活动、“好习惯益终身”小公民论坛等来调动学生的积极性，激发学生积极向上的情感，让他们切实体会并做到关爱社会、献出爱心；每周召开主题鲜明、形式多样的以良好行为习惯的培养为主线的主题升旗仪式；充分发挥学校红领巾广播站的宣传作用，划出特定板块，让学生知晓学校文明礼仪检查的侧重点和进度，倡导学生培养良好的行为习惯。

为了配合实施中国“小公民”道德建设计划，我们根据不同场景对学生提出不同要求，如在家中孝敬父母，关心亲人，勤俭节约，热爱劳动，争做“小帮手”；在学校里争当团结友爱、互相帮助、尊重他人、宽容合作的“小伙伴”；在社区和公共场所争当爱护公物、讲究卫生、保护环境、保护古迹、遵守秩序的“小卫士”；在独处时争当胸怀开阔、心理健康、勤奋自立、勇于创新的“小主人”……

“冰冻三尺，非一日之寒；水滴石穿，非一日之功”，习惯的养成绝非一朝一夕之事，而是经过反复教育，日积月累形成的。学生在养成某种行为习惯之后，稍一懈怠，就会前功尽弃。作为教师，千万不要因为学生有了一点儿进步就放松文明礼仪教育，必须有意识地教育学生，凡事要持之以恒，不要进一步退十步。

第三节
多元视角　养成公民

根据马斯洛的需要层次理论,个人发展的最高目标是自我实现,也就是所谓的实现个人在社会中的价值。其中有两个关键词——个人与社会。实现个人的价值是一种主观的需要,是作为自然人的我们希望通过某一种途径来表现出自身在某些领域中的特殊才华,从而获得他人的认可的心理需求。这种实现必须是在不破坏社会的整体稳定、不损害社会的整体利益的情况下才能够达成的。因此,今天我们讲的自我实现,也就是个人在社会中找到自我的位置,在为社会服务的过程中获得认同、实现自我价值。这一目标,恰恰与培养一个合格的社会公民的目标相契合。合格的社会公民正是在为社会整体的利益服务的过程中实现自我价值的。因此,大力推进公民素养教育,不仅对社会有益,对个人人生价值的实现也有重大意义。

然而,社会公民的培养和塑造不是一朝一夕的事。历史经验告诉我们,一个人世界观、人生观和价值观的形成一部分得益于教育,但更多的部分是受到了行为习惯、家风、社会风气等因素潜移默化的影响。我们依据合格的社会公民的标准,围绕"如何引导学生成为一位合格的公民"这一主题,从公德习惯、学习习惯、生活习惯和交往习惯这四个角度来培育学生的公民素养,以期达成学校"知行合一,养成公民"的育人目标。

一、公德习惯　公民之本

我们的公德习惯教育，主要是让学生从一件件力所能及的小事出发，让他们体会到自己的一个个行为会对社会产生正面或负面的影响，从而让他们明白自己的一言一行能够对他人有利、对社会有益、对国家有用，这就是一个公民应尽的本分。这样的意识和行为将会使他们在以后的人生中对自己充满自信，对社会充满责任感。但这种意识需要由内而外地慢慢地形成。

1.良好的公德习惯塑造了学生作为合格公民的形象

社会在运转的过程中并非总是精确、顺畅的，我们常常看到各种人为或非人为的因素所造成的社会运转不畅。例如，在窄道上常常出现往来双方的车辆互不让道的情况，在车站或地铁站出现的拥挤不排队或者加塞现象，或者在公共场合高声喧哗、随地吐痰等现象。这些情况发生以后并非都会触犯法律，但是却会对社会的有序运转产生不良影响。

在培育学生的公德习惯过程中，我们就从这些细节入手，让学生在自我认知上将自己作为社会的一分子来看待。让学生明白，一个具有高尚公德的社会公民，应该先认同“社会大我”，然后再考虑“个人小我”。一个具有“大我”精神品德的人，在遇到各种触及利益得失的事件时，往往能够舍弃个人利益，保全多数人的利益，即公众利益。具有这样的社会公德的公民，就是我们希望培养的。为此，我校充分动员、调动班集体的力量，组织多种多样的志愿服务活动，使学生在服务大众的过程中增强了公德意识。在高年级的德育主题“讲公益”专题教育中，每个班的学生在教师的带领下，都能在学校或班上的公共事务中找到自己的位置，有些班还定期到学校附近的敬老院开展系列活动。比方说，有些班专门研究在敬老院同学们应注意的公德礼仪；有些班的学生专门调查了每个老人到敬老院的缘由及生活状态；有些班专门针对老人们成立了各种小组：剪指甲的、做清洁的、讲故事的、表演的，等等。学生在这样的公益活动中增强了意识，提升了行动力。经过长时间的公民素养教育，目前我校大部分学生在突发状况发生时能够分清楚“大我”与“小我”的利益差别，其中有部分同学愿意舍弃“小我”的利益而保护“大我”的利益。这是令人鼓舞的！

2. 良好的公德习惯成了学生和谐相处的前提

社会的发展需要具备各种各样技能的人才。我们必须承认，社会公民的成长和发展是存在着巨大差异性的。公民个人的技能和才华往往只能在某些领域才能得到淋漓尽致的发挥。也正因为如此，每一位公民都会在社会中找到属于自己的岗位。不管公民在社会中担当的角色是什么，社会对于公民的公共道德要求都是统一的。而之所以能够统一，是因为公共道德修养的提升与公民具体从事的职业无关，而且道德上的提升远比技能的学习更加容易的。正是由于有了“公共道德”这个前提，不同学历、工作、性格的社会公民才能够和谐地相处、合作，我们的社会才能够平稳有序地运行。

我校开展了“寻找社区智慧老人”的活动。我们让每位学生在自己生活的社区里自主找寻一位老年人，在老人的帮助下收集五条道德感悟。然后将自己所收集到的道德感悟交由班级统计，最后学校将所有统计的结果收集起来，将出现频率最多的十条道德感悟公布出来，作为全校学生应当铭记的格言警句。同时，各个班也评出自己班的“十大道德格言”，作为学生每天必看的公共道德教育材料。经过这一轮的公民素养教育，大部分学生能够认识到高尚的公德对于与人和谐相处的重要性，其中一部分学生愿意为了维护公共利益而选择牺牲“小我”。在针对“如果与较为粗鲁的人士发生矛盾，该怎么处理”这一问题时，绝大多数学生愿意“保持冷静，耐心沟通”。

3. 良好的公德习惯成了学生个人持续成长的保障

人的成长是持续性的。受教育的过程并不是在学生离开学校之后就结束了。作为一个社会公民，其受教育的过程是持续一生的。学校教育的结束恰恰是社会教育的开始。学校教育给学生提供了一个相对封闭的学习环境，因此，学生的成长状态大体上是可控的。但是社会教育却不是这样。在社会中学生十分容易受到各种不良因素的影响，而社会中又没有学校教育的这样强制性的条件，所以很多时候公民个人是容易沾染某些恶习，或者形成某种错误思想的。这种情况一旦出现，那么公民个人的成长就难以保障了。针对这种情况，公民个人唯有保持高尚的公德，主动拒绝不良因素的干扰，才能避免。

我校在推进公民素养教育的过程中，多次组织了老校友、优秀毕业生代表等为学生做讲座。他们都以亲身经历来向学生们证明：高尚的公德是有助于个人持续成长的。我校的退休老师们用他们自己的人生经验，用一个个生动的故事向学生们讲述了“关爱他人”“诚实守信”“乐于奉献”等高尚的道德情操所起的巨大作用。学生们听得认真，更记得牢靠。活动之后，学生们，尤其是临毕业的学生纷纷表示，一定会在今后的成长道路上努力保持高尚的公德行为习惯。

二、生活习惯　公民之基

既然公民是依法享有权利和承担义务的社会个体，那么这就决定了公民必然要参与到社会的运转中去。社会是一个整体，公民是社会的基本单元。所谓的“参与到社会运转中去”，其实就是指公民在社会中生活。在社会中生活的公民会怎样影响社会呢？答案就是：通过影响自己周围的事物来影响社会，通过对社会局部的作用，从而作用于整个社会。这个过程，是一个长期持续的过程，并非一朝一夕就结束了。所以，一个合格的社会公民，会将自己想要对社会所施加的正面影响培养成一种生活习惯，然后用持续性的、能影响周边事物的方式来影响社会。

1.良好的生活习惯促使学生成为健康向上的公民

养成良好的生活习惯，第一个受益者一定是公民自己。良好的生活习惯包括礼仪修养、遵守规章、健康娱乐、合理饮食、适当锻炼、自主学习、注意卫生、关注心理健康、保证充足休息等各个方面。

为此，我校开展了评选“健康生活之星”活动。在各个班级自选出“班级健康生活之星”的基础上，再通过校级“健康知识问答”比赛，来评选出三位“健康生活之星”。在评选的过程中，学生们都积极地利用课余时间学习有关的健康生活知识。有不少学生都在这个过程中改正了自己之前的不良卫生、生活习惯。这个活动也获得了家长们的一致好评。自从开展了“健康生活之星”评选活动以来，有越来越多的学生改变了之前不良的生活习惯。有67%的在校学生认为自己在卫生和饮食习惯上有了良好的改变，有75.6%的中高段学生认为自己在心理上变得更加冷静和平和了，72.2%的学生增加了体育锻炼的方式和时长；52%的学生反映自己提前了半个小时入睡。

2.良好的生活习惯让学生更好地融入了社会

现代生活节奏快、压力大，人们常常养成不良的生活习惯。当一个社区中的多数人都能养成良好的生活习惯之后，往往就能在社区中形成正确的生活风气。这种良好的风气将会潜移默化地改变其他人不良的生活习惯，从而能为和谐的社区建设提供助力。

我校分部的一部分学生居住在学校所临近的竹园小区中。利用这种条件，我校分部在这一批学生当中开展了“小体育活动”。“小体育活动”即运动量较小、技术性要求较低、安全性较高、动作幅度小的体育运动，如慢抬腿、轻踢腿、手腕脚腕活动、腰部轻扭、颈部周转等。孩子们带动自己家的长辈一起在社区公园进行“小体育活动”，带起了周围居民的一股锻炼风潮。自从公民素养教育开展以来，根据学生反馈，该小区中学生玩耍不归的现象有了大幅度减少，周末自行锻炼身体的学生大幅度地增多。这种活动，不但增强了居民们的体质，而且也成为居民社交的一种方式，拉近了人们的距离，为和谐社区的建设做出了贡献。

3.良好的生活习惯提升了学生的精神追求

一个拥有良好生活习惯的公民会主动地排斥不良的生活方式，例如吸烟、酗酒、熬夜、暴饮暴食、赌博等，而会自觉地选择更加健康、更加有助于提升生活质量的生活方式，例如运动、合理膳食、听音乐、读书、写书法、绘画等。而随着公民生活方式的这种转变，人们必然就会产生更新、更高的追求，从以物质生活为追求过渡到以精神生活为追求。这就是社会进步的一大标志。

在我校的公民素养教育过程中，我们就通过一系列的尝试来促进学生形成健康向上的生活方式，从而引导他们逐步追求更高品质的精神生活。我校长期在校园中开设了丰富多彩的课程，如烹饪、国画、围棋、体操、乐团等。这些课程使得学生们认识到生活中存在着众多有趣、有益的活动。有了这样的认识,学生的生活中就不再只有枯燥地学习,同时也有了追求兴趣爱好、施展特长和才能的空间。学生投入这些课程,并且在生活中也继续自我探索,这就逐步地改变了他们的生活习惯,最终改变了生活方式、提高了生活质量。我校成立的儿童交响乐团就是一个很好的例子。自从乐团成立以来,不仅是参加的学生全身心地投入对交响乐的学习当中,全校其他学生和广大家长们也掀起了一股学习古典音乐的风潮。在经典音乐的熏陶下,孩子们逐渐摆脱了不良生活习惯的干扰,对于生活的态度变得从容而大气了,对于其他的艺术也有了相当大的兴趣。在追求精神生活的道路上,他们起步了。

三、学习习惯　公民之力

对于公民素质的培养来说,第一要务便是培养公民养成良好的学习习惯。学习是人类自我发展、自我完善的重要方式。在实践中,我们发现学生养成良好的学习习惯,对于公民素养的提升有着重大的意义。

1.良好的学习习惯拓宽了学生的视野

随着时代的进步,现代人在生活当中所需要的知识储备量越来越大。目前,我国正全面进入信息化社会。“如何才能更好地适应信息化社会的生活”不仅是摆在政府面前的一个课题,更是每一个普通公民都必须面对的问题。答案是明显的:只有不断地拓宽视野、不断地提升自己的思维能力,才能跟上这个日新月异的信息化社会的发展脚步。而这一切的基础,就是良好的学习习惯。社会公民通过养成良好的学习习惯,能够自觉地在不同的社会领域里自主学习,通过学习打破自身知识体系的封闭性,从而形成积极向上、乐观开放、科学全面的世界观。乐于学习新知,乐于接受新挑战,在不断自我提升的过程中坚持自己的客观、全面的态度和提高敏捷、理性的思维能力,从而为公民今后在任何领域中的进步打下坚实基础。

我校在进行公民素养教育的过程中组织了一系列培养学生学习习惯的活动,例如我校开展的“读书分享会”活动就是专门提升学生的读书能力的。在读书分享会上,教师和学生通过对文字细致入微地品读,学习作者在写作的过程中运用文字的技巧，感受这些技巧达成的效果，从而将自己的视野由文章的内容层面深入到文章的构成层面上来。也就是说，学生通过定期的读书分享，通过在读书分享会上学习到的“细读文本”的能力，逐渐找到了读书的正确方法，把握住了解读文本最重要的途径。同时，在参与读书分享会的过程当中也真正体味到了读书带给自己的乐趣。这种乐趣不仅仅来自对书本的学习，更重要的是来自学生自我可察觉到的知识面的极大拓展。读书分享会的开展让我校学生的知识面有了较大程度的拓展，有86%的低段学生、91%的中段学生和94%的高段学生认为自己的知识面有了大幅度的拓展。

2.良好的学习习惯打下了学生终身学习的基础

习惯对于一个人的影响是持续性的。今天，由于科学技术的飞速进步，我国居民人均预期寿命持续延长，这恰恰为社会公民的终身学习提供了好机会。“活到老，学到老”在今天已经不仅仅是一句口号了。如果社会中的大多数成员能够养成良好的学习习惯，那么我国社会中大量的中老年人就能够有效地利用今天便利的技术条件进行继续学习乃至终身学习，而这将有助于社会公民素养的整体提升。学习之后的成果往往又能通过家庭教育、言传身教等形式传播给下一代公民，从而持续地将“终身学习”这一理念推广下去。

我校在推进公民素养教育的过程中，敏锐地察觉到了这一点。为此，我校多次举办“家长开放日”和“家校联谊会”等活动。在这些活动中，我校不仅为家长安排了优秀教师教学观摩、优秀班主任讲座、亲子活动等，而且还多次邀请著名教育专家、儿童心理专家、儿科医生、社会成功人士等来为家长举办讲座、指导活动。家长们通过学校组织的这些活动，不仅真实地了解了孩子们的学习状态，更重要的是深刻地感受到了终身学习的必要性。有许多家长在活动后表示，一定会以身作则，将终身学习的理念教给孩子，这恰恰是我们最希望看到的。在推进公民素养教育的过程中，我们发现有相当多的学生立下了终身学习的志愿。最令我们欣喜的是全校有85%的学生家长表示愿意在学校的参与下“活到老学到老”。这给孩子们做出了好榜样。

3.良好的学习习惯让学生具备了明辨是非的能力

当今社会的飞速发展,使得各种社会思潮泛滥。其中某些思潮,例如拜金主义、历史虚无主义等对人们的思想产生了相当严重的不良影响。近年来,我们不难发现在各种网络媒体上常常会出现各种各样的虚假信息和谣言。在这些谣言的蛊惑下,有少部分群众产生了各种各样的怀疑,甚至愤恨。当然,随着国家对网络谣言打击力度的加强,这一情况正得到改变。不过令我们深思的是,为什么这些漏洞明显的谣言往往能够造成影响呢?这是因为长期以来,相当一部分群众没有养成学习的习惯,没有与时俱进地了解我国社会方方面面的变化造成的。因此部分群众就没有能够具备明辨是非的能力。

为此,我校搭建了"学生行为习惯论坛"。我们每周会对各班学生收集的社会、社区以及学校的新闻进行筛选,对于学生特别感兴趣的又有些争议的问题,每班选两名代表进行论坛讲演。然后由学校选出三名学生利用各班朝会时间到班上进行演讲辩论,这对学生明辨是非、区分真实与虚假的能力起到了较好的促进作用。公民素养教育推行至今,我校多数学生针对目前流传的各种信息能够做到"心中有数",87%的中段同学能够依据一般常识认识到某些虚假谣言的虚假性,93%的高段学生能够从传播意图的角度分析出流言的目的。

四、交往习惯　公民之能

社会的顺畅运转离不开每一位社会成员的团结协作。因此,公民之间的和谐关系不仅仅是个人之间的事情,也会间接影响到社会的安定。要想成为一个合格的社会公民,具备与人友好相处、交往的习惯就非常有必要。只有具备了良好的交往技能,才能在工作、学习、生活中更加顺利。

1.良好的交往习惯培养了学生的积极心态

人是其自身所处的社会关系的集合。人的成长可以大致分为两个方面:一是身体的发育和成熟,二是心理的健康与成熟。身体的发育依赖于营养物质的摄入和成长中的锻炼,而心理的健康成长则有赖于个人在所处的社会中获得舒适、正面的精神体验。社会是由人组成的，一个个体能否在社会中获得成功，在很大程度上取决于个人在交往中是否能够怀有积极向上的心态，从而博得好感，与他人建立友谊，进而得到众人的帮助。因此，良好的交往习惯是合格的社会公民必备的技能。

为此，我校在每周一的集体晨会上根据生情安排了一个节目，叫作“这样对不对”。每周轮流由一个班选出的学生自行上台表演。演出的内容就是日常生活中学生们看到的一些错误的交往行为和习惯，然后由台下的同学举手回答“对与不对”并说明原因。节目虽然只有短短几分钟，但是从每一次的问答中，我们都深切地感受到了孩子们对于什么是正确有礼的交往习惯，什么是错误无礼的交往行为有了越来越深刻的理解。这样清晰透彻的理解带来的是学生对于交往行为的自信和积极。通过长期潜移默化的影响，我校学生在交往习惯方面的进步效果明显，有96%的家长表示孩子能够主动与人交朋友，与人交流时能够做到态度端正有礼、语言诚恳和气，心态积极乐观。

2.良好的交往习惯增强了学生的协作能力

在社会中，个人的力量是渺小的。如今世界的现代化进程对于社会公民的要求也越来越高。在今天社会分工越来越细的情况下，任何一项工作都离不开与别人的通力协作。这就对公民的协作能力提出了考验。协作的前提是沟通，而沟通本身就是在交往。所以，越是具备良好的交往习惯，就越能取得良好的沟通效果，进而越能与他人顺利地协作。

在推行公民素养教育的过程中，我们也注意到了这一点。学生在学校不仅仅是作为个体在进行学习，更重要的是作为集体的一分子参与学习生活。因此，通过培养良好的交往习惯来提升学生的协作能力也是我们的一大重点。实际上，我们早已经将这种训练融入了学校的各个教学环节当中：我们的老师在上课时会鼓励座位相邻的同学展开讨论，并且在讨论过程中做到出言委婉、虚心接受、轮流发言等；我们在举行各种大型团体活动时都会提醒相关的同学一定要相互照顾、耐心团结；我们在处理学生之间的矛盾的时候经常引导孩子关注到矛盾产生的原因，并且鼓励相互谅解，等等。事实证明，经过这一系列长期的教育引导,学生在与人交往方面有了长足的进步,大多数学生都能做到融入团队,共同努力,携手前进。

总之,公民素养并非人类先天具备的,只能通过后天的培养获得。这种培养不能是强制灌输式的,只能是在组织学生体验的过程中潜移默化地深入学生的内心深处。我校在围绕公民素养教育开展的一系列活动中,虽然还不是很周全,也有各种遗憾,但学生的素养却在一件件小事中慢慢得到提升,在一次次活动中获得点滴体悟。学生正处于身心发展的关键时期,他们的世界观、人生观和价值观尚处于缓慢成型的阶段。因此,我们所进行的公民素养教育将会在他们的心灵中产生影响深远的涟漪。我们相信大部分学生经过这样的公民素养的启蒙教育,就如同将一粒粒善的种子种在他们的心田,总有一天它将会开出美丽花朵,到那时,我们的社会也将更加美丽和谐。

参考文献

一、著作类

陈聪富.学校发展性督导新探索[M].杭州:浙江工商大学出版社,2019.

楚静.当代大学生公民教育理论与实践[M].北京:光明日报出版社,2008.

高建.西方政治思想史·第三卷:16世纪—18世纪[M].天津:天津人民出版社,2005.

栗蕊蕊.学校道德教育的本土演进:以公民教育为核心[M].北京:中国经济出版社,2014.

涂可国.社会文化导论[M].济南:山东人民出版社,2014.

吴理财.公民政治学[M].上海:上海远东出版社,2022.

许纪霖.公共性与公共知识分子[M].南京:江苏人民出版社,2003.

曾水兵.现代性视野下的国家认同教育研究[M].杭州:浙江教育出版社,2022.

张立昌.课程设计与评价[M].长春:东北师范大学出版社,2015.

二、译著类

[古希腊]柏拉图.理想国[M].刘申丽,译.北京:台海出版社,2016.

[古希腊]色诺芬.回忆苏格拉底[M].吴永泉,译.北京:商务印书馆,2004.

[古希腊]亚里士多德.政治学[M].颜一,秦典华,译.北京:中国人民大学出版社,2003.

[美]布鲁柏克.教育问题史[M].吴元训,主译.合肥:安徽教育出版社,1991.

[美]杜威.杜威五大讲演[M].胡适,口译.合肥:安徽教育出版社,2005.

[美]克伯雷.外国教育史料[M].任宝祥,任钟印,译.武汉:华中师范大学出版社,1991.

[美]雅诺斯基.公民与文明社会[M].柯雄,译.沈阳:辽宁教育出版社,2000.

[英]希特.何谓公民身份[M].郭忠华,译.长春:吉林出版集团有限责任公司,2007.

三、法律文献类

中华人民共和国宪法:最新修正版[M].北京:法律出版社,2018.

四、期刊类

高占伟,叶涛.以年节和清明为例看传统节日的传承[J].民俗研究,2010(3):60-65.

刘志军.教育评价的反思和建构[J].教育研究,2004(2):59-64.

马延伟,马云鹏.课程改革与学校文化重建:一所学校的个案研究[J].教育研究,2004(3):62-66.

檀传宝.论"公民"概念的特殊性与普适性:兼论公民教育概念的基本内涵[J].教育研究,2010(5):17-22.

檀传宝.建构中国公民教育体系的重要探索:评冯建军教授近著《公民身份认同与学校公民教育》[J].中小学德育,2015(10):13-15.

张民省.公民素质与公民教育[J].理论探索,2007(1):128-130.

张素蓉.西方公民教育的发展探析[J].教育评论,2009(6):158-161.

张宪冰,朱莉,袁林.从单一走向多元化:论学生评价方式的转换[J].当代教育科学,2011(24):7-9.

郑敬高.寻找传统文化的价值[J].开放时代,1997(2):22-26.

钟金燕.试析巴伯的强势民主理论对西方民主理论的贡献[J].辽宁行政学院学报,2009(3):50-52.

朱福胜,宋乃庆.基础教育对公民素质提高的显示度研究:基于重庆市四区县的调查[J].中国教育学刊,2009(6):16-19.